Xaver Pfister

Einfach zu glauben

XAVER PFISTER

Einfach zu glauben

Ein Credo für Zweifler

Paulusverlag Freiburg Schweiz

Die Deutsche Bibliothek – CIP-Einheitsaufnahme
Pfister, Xaver:
Einfach zu glauben : ein Credo für Zweifler / Xaver Pfister.
– Freiburg, Schweiz : Paulusverl., 1994
ISBN 3-7228-0347-0

verlags
gruppe
engagement

Umschlaggestaltung: Peter Kunz, Winterthur
ISBN 3-7228-0347-0

Inhaltsverzeichnis

Warum noch nach dem Glauben fragen?

EINLEITENDE ÜBERLEGUNGEN

Was glaubst Du denn? Die Antwort auf diese Frage entschied in früheren Zeiten über Leben und Tod eines Menschen. Wer nicht den rechten Glauben bekannte, der gehörte nicht dazu und wurde ausgeschlossen. Heute ist das meist nicht mehr so. Heute sind es andere Dinge, die über Dazugehören oder Ausgeschlossensein entscheiden. An die Stelle der Frage nach dem eigenen Glauben tritt die Feststellung, daß jeder und jede glauben soll, was ihm und ihr beliebt. Toleranz steht in diesen Zusammenhängen an oberster Stelle. Und wer tolerant ist, der weiß, daß die Frage nach dem Glauben nicht richtend gestellt, sondern am besten ganz aus dem Alltagsgespräch herausgenommen wird. So hört man die Menschen heute reden. Und haben sie nicht recht, die sich nach diesen Grundsätzen verhalten? Zeigt die Geschichte – gerade auch die Geschichte unserer Tage – nicht deutlich, daß die Fragen nach dem Glauben nur zu Streit und Auseinandersetzung, zu Mord und Totschlag führen?

Ich denke, es gilt hier zu differenzieren. Es ist gut, daß in der Entwicklung der Moderne die Religionsfreiheit zu einem Grundwert geworden ist. Niemand darf zu einer religiösen Einstellung gezwungen werden, und niemandem dürfen religiöse Überzeugungen zum Nachteil gereichen. Religion ist ureigene Gewissensangelegenheit des einzelnen. Diese Einsicht ist nicht bloß in der leidvollen Geschichte der Gewalt begründet, die von Religionen ausging. Sie gründet auch in der Sache des christlichen Glaubens selbst. Das Zweite Vatikanische Konzil hält dies in seinem wegweisenden Dokument über die Religionsfreiheit ausdrücklich fest: »Nun aber werden die Gebote des göttlichen Gesetzes vom Menschen durch die Vermittlung seines Gewissens erkannt und anerkannt; ihm muß er in seinem gesamten Tun in Treue folgen, damit er zu Gott, seinem Ziel, gelange. Er darf also nicht gezwungen werden, gegen sein Gewissen zu handeln. Er darf aber auch nicht daran gehindert werden, gemäß seinem Gewissen zu handeln, besonders im Bereich der Religion. Denn die Verwirklichung und Ausübung der Religion besteht ihrem Wesen nach vor allem in inneren, willentlichen und freien Akten, durch die sich der Mensch unmittelbar auf Gott hinordnet; Akte dieser Art können von einer rein menschlichen Gewalt weder befohlen noch verhindert werden« (Art. 3). Ob daraus aber folgt, daß Religion so zur Privatsache wird, daß sie aus dem Gespräch unter Menschen verschwinden soll? Wird dadurch die Religionsfreiheit tatsächlich garantiert? Oder entsteht daraus nicht ein Klima, das es dem einzelnen erschwert, seinen eigenen Glauben zu finden? Wird so Religion nicht zu etwas Beliebigem und Zufälligem? Und wird so der einzelne nicht total überfordert? Wäre es nicht gerade um der Religionsfreiheit willen nötig, daß religiöse Fragen im Gespräch der Gesellschaft bleiben? Wäre es nicht gerade um dieser Freiheit willen nötig, daß der einzelne zu seiner Überzeugung und zu seinem Fragen und Suchen steht und sich von anderen darüber befragen läßt? Wäre es nicht gerade nötig, daß in verständlichen und der

Lebenswelt heutiger Menschen entsprechenden Denk- und Sprachformen Religion zum Thema gemacht würde? Denn wenn über die Dinge des Glaubens überhaupt nicht mehr oder nicht mehr verständlich geredet wird, geht die Fähigkeit verloren, sich kritisch und eigenständig mit Religion auseinanderzusetzen. Dieser Verlust aber fördert nicht die Toleranz, sondern macht anfällig gegen Intoleranz.

Das Buch, das ich hier vorlege, will anregen, sich mit dem christlichen Glauben auseinanderzusetzen und so die Fähigkeit zu bewahren, seinen Glauben zu finden und zu diesem Glauben offen und ohne Abwehr stehen zu können. Es will keinen umfassenden Überblick über die Inhalte des christlichen Glaubens geben. Dafür liegen viele neuere Bücher von bedeutenden Theologen und Theologinnen vor. Es richtet sich auch nicht an theologisch geschulte und im theologischen Gespräch gewandte Leserinnen und Leser. Es möchte sich vielmehr gerade an die wenden, die mit dem Glauben ihre Mühe haben oder den Kontakt zu dieser Lebensrealität verloren haben. Es möchte zeigen, daß Glauben und Leben miteinander zu tun haben. Und so möchte es seine Leserinnen und Leser auf einen Weg einladen, der es ihnen ermöglicht, sich kritisch und eigenständig mit dem christlichen Glauben auseinanderzusetzen. Es möchte zeigen, wie einer um den Glauben ringt – und so nicht zuerst bezeugen, was es objektiv zu glauben gilt. Es möchte nicht zuerst Glaubensaussagen erklären, sondern skizzieren, wie das Glauben vor sich gehen kann. So ist es kein Buch, das die Aussicht darstellt, die einem aufgehen kann, wenn er auf dem Gipfel des Berges angelangt ist. Es ist eher ein Buch für unterwegs in den Steilhängen und Traversen, die zuweilen einen Blick ins Weite freigeben. Es möchte ermutigen, die Wanderung nicht aufzugeben. Mehr nicht.

1. Vom Glauben

1.1 Aus der Begegnung leben

Was meint eigentlich der Satz: Ich glaube an Jesus Christus? Übernehme ich damit eine Summe von Lehrsätzen, verpflichte ich mich auf ein Lehrgefüge, aus dem sich all mein Handeln ableiten läßt? Zitate aus Luthers Weihnachtspostille sollen anregen, über diese Frage nachzudenken.

»Siehe, das sind die zwei Stücke, darin sich ein Christ üben soll«, heißt es da, »eines gegenüber Christus: daß es ihn wohl in sich ziehe und durch den Glauben sich zu eigen mache, daß er Christi Güter gleichsam anziehe und keck auf dieses Fundament baue. Das andere gegenüber seinem Nächsten: daß er sich zu ihm senke und ihm Anteil gebe an seinen Gütern, wie er Anteil hat an Christi Güter. Wer diese zwei Stücke nicht übt, dem hilft es nichts, ob er sich zu Tode fastet, martert, brennen ließ und alle Wunder täte.«

Glauben, das wird hier deutlich, richtet sich nicht auf Sätze und Lehren, sondern auf Personen: auf die Person Jesu Christi und auf den Mitmenschen. Glaube hat mit Beziehung zu tun. Wer glaubt, der lebt nicht aus sich allein, der lebt in Beziehung. Diese Beziehung zielt in drei Richtungen. Sie zielt auf Jesus Christus und auf den andern und auf mich selbst. »Das ist der rechte, gnadenreiche Glaube, denn Gottes Wort und Werk fordert, daß Du fest glaubst, Christus sei dir geboren und seine Geburt sei dir zugute geschehen«, schreibt Luther in seinem Text. Glauben hat also mit mir etwas zu tun, will mir zugute kommen. Im Glauben entferne ich mich nicht von mir selbst, sondern ich lasse Jesus Christus an mich herankommen. Ich lasse ihn in mich hinein, ziehe ihn an wie ein Kleid. Es geht so nicht zuerst darum, etwas über Jesus zu wissen. Es geht vielmehr darum zu erfahren, daß Jesus Christus es gut meint mit mir. Glauben heißt also, zuerst eine Beziehung zu Jesus Christus eingehen, sich von ihm zum Guten meiner selbst betreffen zu lassen. Natürlich geht es auch darum, etwas über Jesus zu wissen, aber dieses Wissen hat keinen Zweck in sich. Es ist nur sinnvoll, wenn es mir hilft, eine Beziehung zu Jesus Christus aufzubauen.

Ist diese Beziehung zu Jesus Christus aber nicht abstrakt und im Grunde leer? Nein, sie ist es nicht, weil wir in den Evangelien Jesus von Nazareth recht gut und anschaulich kennenlernen können. Die Evangelien zeichnen uns ein konkretes Bild von ihm. Sie führen uns einen Menschen aus Fleisch und Blut vor. Sie zeigen uns in unzähligen Geschichten, wie er Menschen begegnet. Luther fordert uns auf, diese Geschichten nicht einfach als Berichte aus vergangenen Zeiten zu lesen, sondern als Geschichten, die uns selber angehen, in denen wir selber vorkommen. Ich mache die Erfahrung, daß diese Geschichten, wenn ich mich meditierend in sie hineinschreibe, zu sprechen beginnen. Ich mache die Erfahrung, daß diese Meditation tatsächlich ein Fundament bietet, auf das ich aufbauen kann. Ich lese die Bibel dann allerdings nicht als Steinbruch, aus dem ich Lehr- und Merksätze herausbrechen kann. Die Geschichten bleiben da Bilder, die sich heilend in mir festmachen können. Viele Lehrer des Glaubens empfehlen deshalb die Betrachtung biblischer Texte. Sie empfehlen, Szenen aus dem Leben Jesu auszuwählen und sie nachzuerleben. In dieser Art der Betrachtung erlebe ich die Szene so, als ob sie sich in diesem Augenblick abspielte und ich selbst in ihr anwesend sei. »Wenn wir uns nur einmal mutig auf diese Art der Betrachtung einlassen«, schreibt Anthony de Mello, »werden wir merken, daß uns der einfache, kindliche Gebrauch unserer Phantasie eine Wahrheit eröffnet, die jede Vorstellung übersteigt – das ist die Wahrheit des Geheimnisses, die Wahrheit der Mystiker« (Meditieren mit Leib und Seele, Neue Wege der Gotteserfahrung, Kevelaer 1984 S. 109).

Luther macht in seinem Text aber noch ein Zweites deutlich. Zum Glauben gehört neben der Beziehung zu Jesus Christus ebenso meine Beziehung zu den Menschen neben mir: »Darum sprach Jesus beim Abendmahl: das ist mein Gebot, daß ihr euch liebt, wie ich euch geliebt habe (Joh 13,34). Siehst du hier, daß er uns geliebt und all seine Werke uns getan darum, daß wir wiederum nicht ihm (denn er bedarf es nicht), sondern unseren Nächsten auch also tun sollen.« Die Beziehung zu Jesus Christus, die ja mehr eine Beziehung von ihm zu uns ist, der wir uns öffnen sollen, als eine Beziehung, die wir von uns her zu ihm aufbauen, hat ihren Sinn nicht in sich selbst. Sie findet ihre Erfüllung da, wo der Glaubende das, was er von Christus erfährt, weitergibt. Zum Glauben gehört also unverzichtbar Nächstenliebe. Allerdings wird diese Nächstenliebe nicht als Pflichtübung verstanden. Sie meint vielmehr, daß ich bereit bin, mein Leben mit andern zu teilen. Luther lebt aus der Erfahrung, daß ihm sein Leben von Jesus Christus geschenkt ist. Nächstenliebe meint, dieses geschenkte Leben mit andern zu teilen, ihnen daran Anteil zu geben.

Glauben meint also – das kann nicht genug wiederholt werden – nicht die Verpflichtung auf Lehrsätze und ein ideologisches System von Aussagen und Wahrheiten. Glauben ist vielmehr eine bestimmte Haltung dem eigenen Leben gegenüber. Als Glaubender lebe ich mein Leben in Beziehung. Ich bin nicht einfach ich. Ich bin vielmehr, weil ich in Beziehung stehe, zu Jesus Christus, zum andern und zu mir selbst. Ich genüge mir selbst nicht. Ich nehme mich nicht einfach so, wie ich bin. Ich lebe vielmehr aus der Begegnung mit Jesus Christus, mit dem andern und mit mir selbst. Das Leben ist mir so nicht einfach vorgegeben. Ich produziere mein Leben auch nicht aus mir selbst, sondern ich gestalte mein Leben. Allerdings gestalte ich dieses Leben in eigener Verantwortung in den Begegnungen, auf die ich mich einlasse. Ich kann mich dieser Begegnung auch verweigern. Glauben heißt also, sein Leben aus der Begegnung zu gestalten. Diese Begegnung hat drei Dimensionen: Es geht um die Begegnung mit mir selbst, es geht um die Begegnung mit dem andern, und es geht um die Begegnung mit Jesus Christus. Diese drei Dimensionen sind aber ineinander verknüpft. Schon das Matthäusevangelium erzählt davon. In der Gerichtsrede wird gezeigt, wer ein sinnvolles und erfülltes Leben lebt. Erstaunlicherweise wird da nicht einfach gesagt, wer sich zu Jesus bekannt habe, der habe ein sinnvolles Leben gelebt. Es wird vielmehr von der Liebe zum Nächsten geredet: »Was ihr für einen meiner geringsten Brüder getan habt, das habt ihr für mich getan« (Mt 25,40). Wer sich ernsthaft auf den andern einläßt, der läßt sich darin auch auf Jesus Christus ein.

Glauben heißt nicht sich zu Tode fasten, heißt auch nicht sich in irgendeiner Weise abquälen. Luther hat uns schon darauf hingewiesen. Manchmal wird den Gläubigen ja nachgesagt, sie seien Menschen, die das Leben verpassen und dem Leben im Grunde negativ gegenüberstünden. Doch so kann der Glaube nicht verstanden werden. Luther hält fest, daß der rechte Glaube davon ausgeht, »Christus sei dir geboren und seine Geburt sei dir zugute geschehen«. Der Glaube stellt mich also nicht gegen mich selbst. Er will mir vielmehr zu einem guten Leben aufhelfen. Der Glaube steht nicht gegen das Glück und die Erfüllung meines Lebens. Fasten, asketische Praktiken haben nur da eine Berechtigung, wo sie im Dienste der dreifachen Begegnung stehen, die das Glauben ausmacht. In diesem Kontext können sie allerdings sinnvoll und bedeutsam sein.

Hans Küng hat in seinem Versuch einer Kurzformel des Glaubens diese Überlegungen so zusammengefaßt: »Christsein bedeutet: In der Nachfolge Jesu Christi leben, gehalten von Gott und hilfreich den Menschen.« Er fügt präzisierend hinzu: »Glauben findet in der heutigen Welt statt. Es will zum wahrhaft menschlichen Leben, Handeln, Leiden und Sterben verhelfen. Und es hat Bestand im Glück und Unglück, im Leben und im Tod.«

1.2 Wer glaubt, wagt seine Existenz

In der gegenwärtigen schwierigen Lage der Kirche werden harte Schläge ausgeteilt. Da werfen die einen den anderen vor, sie würden gar nicht mehr richtig glauben, ihr Glaube sei aufgeweicht, weil sie nicht mit aller Konsequenz an all dem festhalten, was das Lehren und Leben der katholischen Kirche zum Ende des letzten Jahrhunderts prägte. »Sie glauben nicht mehr, daß...«, heißt es dann, »und auch diese Glaubenswahrheit haben sie über Bord geworfen.« Glauben meint aber mehr als das bloße Festhalten an wohlformulierten Glaubenssätzen.

Das lateinische Wort, das in der deutschen Sprache mit »glauben« übersetzt wird, heißt *credere*. In seine Teile aufgeteilt und wörtlich übersetzt, bedeutet es: sein Herz geben. Der Akt des Glaubens meint also die Übergabe seines eigenen Herzens, seiner eigenen Person an Gott. Für die Christen bedeutet Glauben so, sein Herz an den Gott hängen, von dem Jesus Christus Zeugnis abgelegt hat. Oder noch genauer gesagt: Wenn der Christ glaubt, dann läßt er sich ein auf die Gottesbeziehung, die Jesus Christus gelebt und allen Menschen eröffnet hat. Das Johannesevangelium formuliert das in den Abschiedsreden Jesu so: »Ich bin der Weg und die Wahrheit und das Leben; niemand kommt zum Vater außer durch mich. Wenn ihr mich erkannt habt, werdet ihr auch meinen Vater erkennen. Schon jetzt erkennt ihr ihn und habt ihn gesehen« (Joh 14,6.7). In dieser Sicht des Glaubens liegt das Gewicht nicht auf irgendwelchen Inhalten, die es zu glauben gilt und die in Daß-Sätzen genau zu definieren wären. Hier liegt das Gewicht auf dem Begegnungsgeschehen, das mit dem Wort »glauben« gemeint ist. Wer glaubt, läßt sich ganz und gar, eben mit seinem Herzen, auf eine Beziehung ein. Er tut dies nicht aus eigener Vollmacht, sondern vielmehr, weil er auf den ihm begegnenden Gott antworten will.

Gott bietet sich ihm an, auf vielfältige Weise, sagt die Bibel, und auf besondere und endgültige Weise in Jesus Christus. Wer glaubt, läßt sich darauf ein und geht den Weg, der ihm damit eröffnet wird. Damit ist ein Zweifaches gesagt. Glauben ist einem Weg vergleichbar und hat mit dem Innersten, Persönlichsten des Menschen zu tun. Damit ist einerseits klar, daß ich den Glauben nicht einfach haben kann. Glauben ist größer als alles, was je in Büchern, in klugen Sätzen und Lehren festgehalten worden ist. Die guten alten Theologen haben das immer gewußt. So hat etwa der heilige Thomas von Aquin festgehalten: Der Glaubensakt endet nicht bei den aussprechbaren Worten, sondern beim Glaubensgeheimnis selbst. Wer glaubt, kann sich nicht einfach mit einer Sammlung von Glaubenssätzen zur Ruhe setzen und nur immer wiederholen: »Ja, das alles glaube ich, Wort für Wort.« Wer glaubt, muß vielmehr unterwegs bleiben auf dem Weg, auf den ihn Gott gerufen hat. Der Glaubensakt endet eben nicht bei den Lehrsätzen, sondern im Ruf, den Gott an mich gerichtet hat. Glauben ist der Versuch, Schritte auf dem Weg zu tun, der mir durch den Ruf Gottes gewiesen wird.

Ein Zweites wird deutlich: Glauben ist etwas sehr Persönliches: mein Herz ist gefragt und nicht nur mein Wissen. Das Zweite Vatikanische Konzil hat in seiner Erklärung zur Gewissensfreiheit von dieser innersten Personmitte des Menschen gesprochen. Sie ist den Konzilsvätern im Blick auf das, was die Offenbarung über den Menschen sagt, so wichtig geworden, daß sie folgenschwere Sätze formuliert haben: »Das Vatikanische Konzil erklärt, daß die menschliche Person das Recht auf religiöse

Freiheit hat. Diese Freiheit besteht darin, daß alle Menschen frei sein müssen von jedem Zwang, sowohl von seiten einzelner wie gesellschaftlicher Gruppen, wie jeglicher menschlicher Gewalt, so daß in religiösen Dingen niemand gezwungen wird, gegen sein Gewissen zu handeln, noch daran gehindert wird, privat und öffentlich als einzelner oder in Verbindung mit anderen – innerhalb der gebührenden Grenzen – nach seinem Gewissen zu handeln« (Art. 3). Damit ist ganz deutlich gesagt, daß das Glauben eine ganz persönliche Sache ist, in die niemand mit Zwang und Gewalt eingreifen darf. Glauben ist nur in Freiheit und nur aus der eigenen Personmitte heraus möglich. Über mein Herz kann, gerade dann, wenn ich es verschenken will, gar niemand verfügen. Diese Unverfügbarkeit macht sogar das Wesen und die Würde dieses Tuns aus.

Glauben ist damit etwas Anspruchsvolles. Es beansprucht mich persönlich in meiner Personmitte, und es schickt mich auf einen Weg. Es ermöglicht mir nicht, mich behaglich in einer Lehre einzurichten. Mit dem Glauben bin ich nie am Ende. Ja, ich denke sogar, die Aussage: »Ich weiß genau, was ich zu glauben habe«, ist ein Anzeichen des Unglaubens. Denn wenn Gott größer ist als all das, was über ihn gedacht, gesagt und gelehrt werden kann, dann bin ich mit diesem Gott eben tatsächlich nie am Ende. Ich weiß dann, daß ich mit meinem Glauben immer hinter dem zurückbleibe, auf das mein Glauben tatsächlich zielt. Selbstsicherheit ist keine Qualität des Glaubens.

Im Alten Testament wird vom Profeten Elija erzählt. Er hat sich gegen die anmaßende Macht des Königs gestellt, der sich selber zu Gott machte und von allen verlangt, sie sollten ihr Herz an ihn und die Autorität des Staates hängen. Seine Kritik hat Elija zu einem Verfolgten gemacht. Er ist in panische Angst geraten und in die Wüste geflohen. Dort setzt er sich unter einen Ginsterstrauch und wünscht sich den Tod. In dieser Situation begegnet ihm in einem Engel der Ruf Gottes. »Er legte sich unter den Strauch und schlief ein. Doch ein Engel rührte ihn an und sprach: Steh auf und iß. Als er um sich blickte, sah er neben seinem Kopf ein Brot, das in glühender Asche gebacken war, und einen Krug mit Wasser. Er aß und trank und legte sich wieder hin. Doch der Engel des Herrn kam zum zweitenmal, rührte ihn an und sprach: Steh auf und iß! Sonst ist der Weg zu weit für dich. Da stand Elija auf, aß und trank und wanderte durch diese Speise gestärkt, vierzig Tage und vierzig Nächte bis zum Gottesberg Horeb« (1 Kön 19,5–8). An diesem Berg erfährt Elija Gott, findet zu neuem Lebensmut und kehrt in seine Profetenaufgabe zurück. Diese Geschichte zeigt eindrücklich, daß die Hingabe des Herzens nicht in einem heroischen Akt geschieht. Damit ist wirklich ein Weg gemeint. Damit sind auch keine außerordentlichen Ereignisse verbunden. Denn daß einer mir Brot und Wasser reicht, die mich weiterleben lassen: erleben wir das nicht selber da und dort? Daß uns klar wird, was jetzt zu tun und unsere Aufgabe ist : erleben wir das nicht in unserem eigenen Alltag? Auf diese Impulse einzugehen und uns nicht in der eigenen Bequemlichkeit und ängstlichen Vorsicht zu verbarrikadieren: damit beginnt der Weg, den das Glauben meint.

1.3 Mit offenen Augen im Chaos

Viele Hoffnungen sind in sich zusammengesackt in den vergangenen Jahren. Der Waffengang im Golf und die brutalen Ereignisse in Ruanda und Bosnien, bürgerkriegsähnliche Unruhen in verschiedensten Weltregionen haben Friedenshoffnungen zerschlagen. Und manch einer fragt sich: Was soll da noch der Glaube an Gott und sein Friedensreich?

Die Ereignisse bestätigen die Pessimisten, die schon immer wußten, daß der Mensch zu allem fähig ist, und deshalb jede Hoffnung sofort als naive Täuschung entlarvten. Vielgestaltig lebt dieser Pessimismus unter uns bisweilen auch in religiösem Gewand. Da hört man etwa: Diese Erde ist ein Jammertal. Erst am Ende der Zeit, im Himmel, wird das Friedensreich Gottes anbrechen. Diese Haltung kann sich in einen Rückzug auf sich selbst verschärfen, auf einen Rückzug in eine heile Welt, die heil ist, weil alles ausgegrenzt wird, was unheil sein könnte.

Nicht weit davon ist jene apathische Reaktion, die Menschen ihre Ohren und ihr Herz vor den Schreckensnachrichten verschließen läßt. Sie wollen das Trostlose gar nicht mehr wahrnehmen und werfen sich oft ins vordergründige Vergnügen. Sie winken ab, wenn man auf jene Ereignisse zu sprechen kommt, reden davon, daß das Leben auch so weitergehe und daß man ja schließlich nur einmal lebe. Optimisten sind rar geworden. Die Hoffnung auf ein Ende der Gewalt hat sich ja sehr schnell zerschlagen. Einige reden zwar davon, daß Kriege vermeidbar seien. Sie meinen, ein anderer Umgang mit Konflikten sei möglich. Sie rechnen mit der Lernfähigkeit des Menschen im einzelnen und der

Menschheit im ganzen. Sie weigern sich, alle Hoffnungen fahren zu lassen. Wer nüchtern in die Welt blickt, der stellt fest, daß da manch zerstörerische Kraft am Werk ist, daß der Krieg stärker ist als der Frieden, die Ungerechtigkeit erfolgreicher als die Gerechtigkeit. Und die Anzeichen mehren sich, daß die Erde unheilbar krank gemacht worden ist. Wohin führt uns der Glaube an Jesus Christus in diesen Zusammenhängen? Ist der glaubende Mensch ein Optimist oder eher ein Pessimist? Dietrich Bonhoeffer hat in schwerer Zeit über den christlichen Optimismus nachgedacht und Sätze geschrieben, die uns weiterhelfen können: »Es ist klüger, pessimistisch zu sein: vergessen sind die Enttäuschungen, und man steht vor den Menschen nicht blamiert da. So ist Optimismus bei den Klugen verpönt. Optimismus ist in seinem Wesen aber keine Ansicht über die gegenwärtige Situation, sondern er ist eine Lebenskraft, eine Kraft der Hoffnung, wo andere resignierten, eine Kraft, den Kopf hochzuhalten, wo alles fehlzuschlagen scheint, eine Kraft, Rückschläge zu ertragen, eine Kraft, die die Zukunft niemals dem Gegner läßt, sondern sie für sich in Anspruch nimmt. Es gibt gewiß auch einen dummen, feigen Optimismus, der verpönt werden muß. Aber den Optimismus als Willen zur Zukunft soll niemand verächtlich machen: Es gibt Menschen, die es für unernst, Christen, die es für unfromm halten, auf eine bessere irdische Zukunft zu hoffen und sich auf sie vorzubereiten. Sie glauben an das Chaos, die Unordnung, die Katastrophe als den Sinn des gegenwärtigen Geschehens und entziehen sich in Resignation oder frommer Weltflucht der Verantwortung für das Weiterleben, für den neuen Aufbau, für die kommenden Geschlechter. Mag sein, daß der jüngste Tag morgen anbricht, dann wollen wir gern die Arbeit für eine bessere Zukunft aus der Hand legen, vorher aber nicht.«

In diesem Zitat wird deutlich, daß der Glaube zusammenhält, was man gerne auseinanderbrechen läßt: die klare Sicht auf die chaotische Gegenwart und das offene Herz für die Hoffnung. Der Glaubende lebt die Hoffnung als Willen zur Zukunft. Er versteht die Zukunft nicht einfach als Bilanz der Gegenwart. Er vertraut darauf, daß ihm aus der Zukunft einer entgegenkommt, der das Leben will. Der Glaubende ist nicht Optimist, weil die Analyse der Gegenwart ihn hoffnungsvoll stimmt. Sein Optimismus ist eine Lebenskraft, meint Bonhoeffer; die Kraft, die das Vertrauen auf den kommenden Gott in die Menschen einstiftet. Gottes Zusage für diese Welt ist der Grund des christlichen Optimismus. Diese Zusage gilt unabhängig davon, wie sich die Welt im kleinen und im großen entwickelt. In diesem Sinn ist der Glaube kein dummer Optimismus, der hofft, weil er die Realität ignoriert. Der Glaubende weiß um die Stärke zerstörerischer Kräfte, weiß um die Todesmächte und ihre Gewalt. Zugleich aber hofft er auch auf das Kommen Gottes. Jesus Christus ist ihm darin Vorbild. Er hat auf das Kommen des Reiches Gottes vertraut und ist den Todesmächten nicht gewichen. Selbst dort, wo diese Mächte über ihn siegen und ihn ans Kreuz schlagen, vertraut er auf das Kommen Gottes. Und damit legt er die Kräfte frei, die es uns möglich machen, die Zukunft niemals den Todesmächten zu überlassen, sondern für das Leben zu beanspruchen. Der Optimismus des Glaubens ist so keine selbst erworbene Lebenskraft. Er ist Geschenk, er ist die Annahme der Zusage Gottes, der einen neuen Himmel und eine neue Erde schaffen will.

Dieser Glaube bewahrt vor der Verzweiflung an der Brutalität gegenwärtiger Verhältnisse, er bewahrt aber auch vor einer zu einfachen Sicht der Wirklichkeit, zu der ein billiger Optimismus verleiten kann. Und so macht er fähig, Spannungen auszuhalten und in diesen Spannungen nüchtern und konsequent zu handeln. Damit ist einerseits noch überhaupt nichts, andererseits aber bereits alles gewonnen. Wer sich auf diesen Glauben einläßt, lebt weiterhin in einer in vielem chaotischen Welt. Die zerstörerischen Kräfte lösen sich ihm nicht in Nichts auf. Oft treten sie auf dem hellen Hintergrund der Hoffnung nur noch deutlicher ins Bewußtsein. Gleichzeitig hat der Glaubende aber ein neues Fundament gefunden, das ihm eine zuversichtliche Haltung den Todesmächten gegenüber ermöglicht. Ein Wort von Ahron von Karlin, einem Weisen aus der Bewegung des jüdischen Chassidimus, verdeutlicht das: »Zu den Worten der Schrift: ›eine Leiter, auf die Erde gestellt, und ihr Haupt reicht an den Himmel‹, sprach Rabbi Ahron von Karlin: ›Wenn der Mann von Israel sich zusammenhält und fest auf der Erde steht, dann reicht sein Haupt an den Himmel‹« (M. Buber, Die Erzählungen der Chassidim, Zürich 1949, S. 325). Wer so auf der Erde stehen kann, der vermag sich auch dem Chaos zu stellen. Er muß ihm nicht ausweichen oder sich von ihm verschlingen lassen. Dies allerdings geschieht nicht mit schönen und erbauenden Worten, sondern im aktiven Tun. Dom Helder Camara, der sich in Brasilien mit den Todesmächten der Armut auseinandergesetzt hat, beschreibt das in einer herrlichen Geschichte: »Zwei Lastkutscher kamen mit vollgeladenen Karren daher. Die Wege waren verschlammt, und beide Karren fuhren sich fest. Einer der beiden Kutscher war fromm. Er fiel dort im Schlamm auf die Knie und begann, Gott darum zu bitten, ihm zu helfen. Er betete, betete, betete ohne Unterlaß und betrachtete dabei den Himmel. Währenddessen fluchte der andere, arbeitete aber. Er suchte sich Zweige, Blätter und Erde zusammen. Er schlug auf den Esel ein. Er schob am Karren. Er schimpfte, was das Zeug hielt. Und da geschah das Wunder: Aus der Höhe steigt ein Engel nieder. Zur Überraschung der beiden Kutscher kommt er jedoch demjenigen zu Hilfe, der geflucht hat. Der arme Mann wird ganz verwirrt und ruft aus: ›Entschuldige, das muß ein Irrtum sein. Sicher gilt die Hilfe dem anderen.‹ Aber der Engel sagte: ›Nein, sie gilt dir. Gott hilft dem, der arbeitet.‹ Natürlich werden wir daraus nicht den Schluß ziehen, es sei richtig zu schimpfen und es liege nichts Schlimmes darin zu fluchen. Aber derjenige, der Gott die Verantwortung für alles auflädt und nur betet und Gelübde ablegt, ohne Anstrengungen zu unternehmen, der hat das Christentum nicht verstanden.« Wer glaubt, steckt den Kopf also nicht in den Sand, auch nicht in den Sand frommer Jenseitsvertröstung.

1.4 Von den notwendigen Krücken des Glaubens

Wir alle sind auf der Suche nach unmittelbaren Erfahrungen. Eindruck macht, was einfährt, was uns aufwühlt. »Da ist überhaupt nichts los«, sagen Jugendliche und verlassen die Gottesdienste, die für sie langweilig und immer gleich daherplätschern. Immer sind wir unterwegs auf der Suche nach dem Nervenkitzel, nach dem, was so stark und überzeugend daherkommt, daß es uns unmittelbar einleuchtet. Verständlich, daß da der Glaube einen schweren Stand hat.

In einer etwas traditionelleren Sprache würde man formulieren: Uns überzeugt, was uns an die Nieren geht. Wir lassen uns bestimmen von dem, was an unser Herz rührt. Wir sind auf der Suche nach den unmittelbaren Erfahrungen, nach dem, was aus sich und direkt einleuchtet und überzeugt. Das Herz, traditionellerweise als das Organ verstanden, in dem ich mich unmittelbar anrühren und bewegen lasse, gehört unverzichtbar zum Menschen dazu.

Neben dem Herzen leitet uns aber bisweilen auch die Vernunft. Wir lassen uns von Argumenten überzeugen. Wir analysieren eine Situation, wägen ab, tragen verschiedenste Beobachtungen und Überlegungen zusammen und entscheiden dann aufgrund der Argumente, die wir so zusammengestellt haben. Auf diese Art des Umgangs mit der Wirklichkeit sind wir besonders stolz.

Herz und Vernunft prägen unser Wahrnehmen und Nachdenken. Selbstverständlich nehmen wir an, was uns unmittelbar einleuchtet, was uns spontan in unserem Herzen anspricht. Aber auch von Argumenten lassen wir uns überzeugen. Wir halten viel von unserer Vernunft und fragen immer nach Argumenten und Beweisen. Auch in Glaubensfragen geht es uns so. Viele haben Mühe mit dem Glauben, weil er weder ihre Vernunft noch ihr Herz anspricht. »Das ist alles so abstrakt und weit weg vom Leben«, sagt man da, oder man fragt sich, »ob das denn wahr ist, was da behauptet wird«. Und so erstaunt es nicht, daß Theologen immer wieder versuchen, die Vernünftigkeit des Glaubens aufzuzeigen. Früher sprach man viel von den Gottesbeweisen, und heute versucht man in sogenannten fundamentaltheologischen Überlegungen zu zeigen, daß der Glaube durchaus eine brauchbare Hilfe sein kann, mit sich und seiner Welt zurechtzukommen. Seelsorgerinnen und Seelsorger versuchen Erlebnisse zu schaffen, in denen das Glauben unmittelbar zu Herzen geht. Dabei wird aber oft ein Drittes vergessen. Der Mensch besteht nicht nur aus Herz und Vernunft. Er ist ebensosehr ein Gewohnheitstier. Er lebt nicht allein von der Ekstase und aus dem tiefen, unmittelbaren Erleben. Er handelt nicht bloß nach langer und eingehender Analyse und bedächtigem Abwägen von Argumenten. Vieles ist Gewohnheit, Einübung, Routine. Die Bedeutung dieser dritten Wahrnehmungsdimension des Menschen darf – gerade im Glauben – nicht unterschätzt werden.

Selbstverständlich darf der Glaube nicht zur bloßen Gewohnheit verkommen, er braucht das Herz und die Vernunft; aber ohne die Gewohnheit verschwindet er rasch aus unserem Leben. Blaise Pascal, ein bedeutender Denker aus dem 17. Jahrhundert, hat dies am eigenen Leib deutlich erfahren. Er war ein suchender Mensch, der um seinen Glauben gerungen hat. Er bemühte sich vor allem auch, seinen Zeitgenossen, die sich damals ganz der Vernunft verschrieben hatten, Argumente für die Nützlichkeit des christlichen

Glaubens vorzulegen. Am 23. November 1654 machte er eine Erfahrung, die sein Leben prägen sollte. Ein kleines, Mémorial genanntes Schriftstück gibt Zeugnis davon, daß er unmittelbar in seinem Herzen von einer intensiven Glaubensgewißheit erfüllt wurde. Gott kam ihm gleichsam handgreiflich und unzweifelhaft nahe. Interessant ist es aber nun, daß Pascal dieses Schriftstück in das Futter seines Mantels einnähte, um es so immer bei sich zu tragen. Er wußte darum, daß er durch ein regelmäßiges, ganz äußerliches Tun einen Beitrag dafür leisten mußte, daß jene unmittelbar zu Herzen gehende intensive Erfahrung nicht verlorenginge.

Ich denke, daß das Glauben von regelmäßigen, in Treue geübten Gewohnheiten wesentlich belebt wird. Wo ich diese Gewohnheiten aufgebe, verliert sich auch der Zugang zu unmittelbaren Erfahrungen. Pascal formuliert so: »Wir bedürfen der Gewohnheiten, wenn wir einmal der Wahrheit ansichtig wurden, um uns vom Glauben durchdringen zu lassen, der uns immer wieder zu entschwinden droht. Denn immer die Beweise für seine Wahrheit gegenwärtig zu haben, das überfordert. Wir müssen ein elementareres Glauben anstreben, eben das der Gewöhnung, die ohne Gewalt, ohne kunstvolle Argumente uns das Glauben lehrt und so unser ganzes Wesen gleichsam natürlich auf den Glauben hinführt« (Pensées, frg 252). Der Glaube überlebt nicht, wenn er sich auf die Unmittelbarkeit intensiven Erlebens reduziert. Die Gewohnheiten sind wichtige Krücken des Menschen. Der Mensch, der sich auf seine Spontaneität beschränkt und der nur dann noch von Leben redet, wenn er in seinen Gefühlen bewegt ist, wird bald die Lust am Leben verlieren. Eine Geschichte, die sich in der Tradition der Wüstenväter findet, redet davon: »Ein Bruder, der von seinen eigenen Gedanken angereizt wurde, aus dem Kloster auszutreten, zeigte dies seinem Abt an. Der jedoch sprach zu ihm: Geh, bleib daheim und gib deinen Leib den Wänden deiner Zelle als Pfand und gehe ja nicht aus. Deine Gedanken aber lasse denken, was sie wollen, nur den Leib laß nicht aus der Zelle hinaus.«

1.5 Von der Geduld des Leibes

Wer kennt sie nicht: diese eindrückliche Geschichte vom kleinen Prinzen, der mit dem Fuchs eine Freundschaft beginnt. Wer hat sie nicht schon gehört: jene vielzitierten Worte, mit denen der Fuchs dem kleinen Prinzen erklärt, daß man nur die Dinge kennt, die man zähmt. Aber hören wir noch einmal etwas genauer hin. Denn jenes Gespräch gibt uns Einsicht in wichtige Grunddimensionen des Glaubens.

Der Fuchs gibt dem kleinen Prinzen eine genaue Anweisung darüber, wie jenes »zähmen« zu bewerkstelligen ist. Zunächst wird Geduld gefordert. Nur der Geduldige, der nicht alles schon im ersten Zugriff oder am liebsten gerade noch vorher haben will, wird einen Freund finden und aus der Eintönigkeit des Lebens ausbrechen können. »Du mußt sehr geduldig sein«, sagt der Fuchs sogar.

Dann wird Treue gefordert. An jedem Tag muß der kleine Prinz vorbeikommen, sich in die Nähe des Fuchses setzen und ihn schweigend betrachten. Die dritte Aufforderung schließlich könnte mit dem Stichwort »Regelmäßigkeit« umschrieben werden. Der Fuchs hält den kleinen Prinzen an, immer zur gleichen Zeit zu erscheinen: »Wenn du aber irgendwann kommst, kann ich nie wissen, wann mein Herz da sein soll… Es muß feste Bräuche geben.«

Geduld, Treue und Regelmäßigkeit machen den Brauch aus, der das »zähmen« ermöglicht. Inhalt des Brauches ist nicht irgend etwas Äußerliches, sondern die Freundschaft zweier Menschen miteinander. Das Äußere und das Innere, das Eingeübte und das Spontane haben offenbar miteinander zu tun. Nichts Unmittelbareres, Spontaneres als eine tiefe Beziehung zwischen zwei Menschen. Nichts weniger Festschreibbares als eine Freundschaft. Und doch liegt ihr Geheimnis in dem, was der Fuchs in unserer Geschichte »Bräuche« nennt.

Nicht anders ist es mit dem Glauben. Auch dieser lebt von festen Bräuchen, so unverfügbar, so unmittelbar und spontan er auch sein mag. Auch der Glaube will eingeübt sein. Auch in diesem Lebensbereich gibt es eine Bewegung von außen nach innen. Das geduldige, treue und regelmäßige Hinsitzen läßt die tiefe Freundschaft zwischen Fuchs und kleinem Prinzen gedeihen. Das äußerlich Vollzogene läßt innen etwas heranwachsen. Es gibt also nicht bloß die Bewegung von innen nach außen. Es ist nicht immer so, daß mich etwas so intensiv und überraschend packt, daß ich aus diesem inneren Erleben mein äußeres Leben neu gestalte. Es ist oft eben auch so, daß ich in kleinen geduldigen Schritten mein Äußeres verändere und dadurch inneren Entwicklungen Raum gebe.

Das ist ja schon in ganz alltäglichen Situationen zu erleben: Ich bin nervös, aufgeregt, es dreht in mir, weil ich einen strengen Arbeitstag hinter mir habe. „Ich kann nicht mehr abschalten«, sagt man da und meint, daß man nicht mehr zur Ruhe kommt. Da kann ein Spaziergang Wunder wirken, oder das Hören von Musik. Da geschieht genau das, was der Fuchs beschrieben hat: Etwas Äußerliches wirkt sich nach und nach in meinem Innern aus. Nicht von innen, sondern nur von außen komme ich in solchen Situationen zur Ruhe. Die Meditationserfahrung verschiedener Religionen und Kulturen bewahrt diese Einsicht ebenfalls auf. Geduld, Treue und Regelmäßigkeit sind wesentliche Elemente jedes Meditationsweges.

Es ist wichtig, diese Einsicht auch für sich selber fruchtbar zu machen. Wenn ich das Glauben lernen möchte, darf ich nicht bloß auf die große Eingebung warten, auf eine innere Erfahrung, die mich umwirft und mich aller Zweifel und Fragen enthebt. Wenn ich das Glauben lernen möchte, muß ich auch geduldig, treu und regelmäßig glauben. Es könnte sogar hilfreich sein, das Glauben zu spielen, d. h. äußerlich so zu tun, als ob ich glauben würde. Denn es kann geschehen, daß erst durch dieses äußerliche Tun in meinem Inneren ein erfülltes Glauben heranwächst. Ich meine das so, wie ich es sage: Es ist möglich, beim Glauben einfach mal mitzumachen. Die innere Überzeugungskraft des Glaubens kann dann als zweites dazukommen. Vielleicht ist es wie beim Seiltanzen. Wer dieses erst dann wagen will, wenn er schon Seil tanzen kann, wird nie aufs hohe Seil steigen. Wer aber übt, geduldig, treu und regelmäßig, und es denen nachmacht, die schon seiltanzen können, dem kann es geschehen, daß er mit einem Mal doch auf dem Seil tanzen kann. Blaise Pascal spricht in seinem berühmten Text, den man die »Wette« nennt, auch davon: Wer das Glauben lernen möchte, der kann den Weg gehen, den ihm viele Gläubige vorausgegangen sind. »Er tue so, als ob er glaube, er nehme Weihwasser, er nehme an Gottesdiensten teil usw. Auf ganz natürlichem Weg führt ihn das zum Glauben und in eine zweite Naivität.«

Selbstverständlich kann ich dieses Spiel nicht ein Leben lang treiben. Wenn ich beim Üben nicht Fortschritte mache, gebe ich es vernünftigerweise irgendeinmal auf. Das verbietet aber noch lange nicht, es mit dem Spiel einmal zu probieren. Das Spiel des Glaubens mitmachen kann dann ganz verschiedenes bedeuten. Etwa dies: Ich spreche geduldig, treu und regelmäßig ein Gebet. Oder dies: Ich nehme geduldig, treu und regelmäßig an einem Gottesdienst teil. Aber auch dies: Ich mühe mich geduldig, treu und regelmäßig den Nächsten zu lieben. Ich frage mich Tag für Tag, wo ich denn dies konkret getan habe und tun will. Und schlußendlich auch das: Ich nehme mir geduldig, treu und regelmäßig Zeit für mich. Wo ich nichts tue, mich durch nichts ablenke, sondern einfach bei mir bin, mich selber aushalte. Es bleibt zu prüfen, ob diese äußeren Praktiken nicht doch in mir drinnen etwas auslösen. Im nachhinein kann sich mir also der Sinn auftun, den ich in den Bräuchen suche. Blaise Pascal meint, daß dieses Spiel vernünftigerweise gewagt werden könne. Denn falls eintrifft, was versprochen wird, dann gewinne ich etwas Großartiges. Falls sich das Spiel aber nicht bewährt, verliere ich nichts. Ich denke, in früheren Zeiten sind viele Menschen auf diese Weise zum Glauben gekommen. Sie sind in ein religiöses Milieu hineingewachsen und haben an der Lebenspraxis, die da geübt wurde, teilgenommen, ohne bereits innerlich überzeugt zu sein. Im selbstverständlichen Vollzug hat sich aber der Boden bereitet, in dem der Same des selber verantworteten und vollzogenen Glaubens aufgehen konnte.

»Höchst fragwürdig, die Dinge so zu sehen. Die eigene Vernunft so zu überlisten«, wenden viele mit Recht ein. Genau von diesem unvernünftigen Glauben gilt es Abschied zu nehmen. Doch das vorgeschlagene Spiel soll ja nicht die eigene Vernunft ausschalten, es soll vielmehr nur den Raum öffnen, den die Vernunft selber nicht öffnen kann. Ist der Raum einmal geöffnet, so kommt die Vernunft erneut zu ihrem Recht. Der Glaube, der sich mir da erschließen kann, muß dann auf seine Tragfähigkeit hin überprüft werden. Es geht keinesfalls um ein blindes Glauben. Es geht vielmehr darum, die Verblendung der Vernunft zu überwinden. Ein Beispiel soll das verdeutlichen. Ein Kind steht am Fenster eines brennenden Hauses. Schwarze Rauchschwaden verdecken ihm die Sicht. Von unten hört es die Stimme der Mutter: »Spring ich fange Dich auf.« Der Sprung ist gewagt. Wer garantiert schon, daß die Mutter tatsächlich da steht. Erst wenn das Kind aufgefangen in den Armen seiner Mutter liegt, erweist sich ihm die Vernünftigkeit seiner Handlung. Vor dem Sprung bleibt alles in der Schwebe. Genau um diesen Sprung geht es in der Wette, die uns Blaise Pascal vorschlägt. Und oft ist der Sprung gar nicht so riskant wie im beschriebenen Beispiel. Oft ist er den Bräuchen der Glaubenden zu vergleichen. Der kleine Prinz hat den Fuchs erst da als Freund gewonnen, wo er seine einfachen Anweisungen befolgt hat.

2. Gott

2.1 Ich glaube an Gott, der mir entgegenkommt

»Gibt es denn überhaupt Gott? Und wenn es ihn gibt, wie kann man seine Existenz beweisen? Wissen Sie, das interessiert mich wegen meiner Familie. Da halten einige nämlich nicht viel von Gott«, teilte uns kürzlich eine Frau in unserem Kurs zur Gottesfrage mit. Was sollten wir ihr bloß antworten?

Ihre Frage machte uns alle kribbelig. Denn daß sich Gott nicht so einfach beweisen ließe, das war uns allen klar. Aber dann den Glauben an Gott gleichsam jedem Beweisen zu entziehen und von der reinen Gnade zu reden, das war uns denn doch zu billig: »der eine glaubt eben und der andere nicht. Das ist nun einmal so«, formulierte ein Kursteilnehmer und löste damit nur Kopfschütteln aus. Damit konnten wir uns auch nicht zufriedengeben. Die Bibel müßte uns doch eine Antwort geben, dachten wir und lasen Texte, in denen von Gottesoffenbarungen geredet wird. Wir lasen die Geschichte, wie Mose im brennenden Dornbusch Gott begegnete und den Auftrag erhielt, das Volk Israel aus

Ägypten zu führen. Wir lasen vom Profeten Jesaja und seiner Vision, in der er den Auftrag zur profetischen Rede erhielt. Die Texte beeindruckten uns zwar, die Frage aber blieb, ob denn die beschriebenen Erfahrungen bloße Einbildungen seien. Wir merkten, daß wir nur zwei Möglichkeiten hatten: Entweder glauben wir ihnen, was sie uns bezeugen, oder wir bleiben skeptisch, weil wir ja die Wahrheit ihrer Aussagen nicht selber überprüfen können. Es wurde uns klar: Das Zeugnis läßt sich nicht von den Zeugen loslösen. Wir konnten nicht hinter die Texte schauen. Entweder überzeugen uns die Textautoren, und wir glauben ihnen ihre Aussagen. Oder sie überzeugen uns nicht, und die Wahrheit des Textes bleibt in der Schwebe.

»Das Wunderwerk Welt gibt uns doch die Antwort«, meinten dann einige. »Sie ist so wunderbar erschaffen. Während des Sonnenuntergangs auf der Alp spürst du doch die Gegenwart Gottes. Was gibt es da noch zu fragen?« meinte ein älterer Rentner, ein begeisterter Wanderer. Doch die Rückfragen kamen sofort: »Und was ist mit dem Kind meines Nachbarn, das schwerstbehindert auf die Welt kam? Und mit den Wirbelstürmen über Bangladesh?« Das Gespräch brachte rasch eine erste Unterscheidung: Das von Menschen verursachte Leid bleibt in der Verantwortung des Menschen. Aber es blieb die Frage nach all dem Leid, das nicht von Menschen verursacht wird. Und es blieb auch die Frage, ob denn Menschen tatsächlich so bewußt und verantwortlich leben können, wie das theoretisch behauptet wird. »Wie soll es einen Gott geben, wenn so Schreckliches im Konstruktionsplan dieser Welt eingeplant ist?« fragte ein junger Mann trotzig. Das Wunderwerk Welt konnte demnach auch nicht genügen als Beweis für die Existenz Gottes. Im Gegenteil: die Welt gab Anlaß für viele Argumente gegen die Existenz Gottes.

Die Frage warf uns immer wieder auf uns selbst zurück

und auf die Bezüge, in denen wir leben. Wir merkten ganz deutlich, daß sich Gott nicht beweisen ließe jenseits unseres eigenen Engagements. Wir mußten einsehen, daß wir an Gott nur glauben können, wenn wir bereit sind, uns auf ihn einzulassen. Wir können ihn nicht gleichsam unserem Glauben voraus haben. Der Vergleich mit der Liebe unter Menschen half uns weiter. Liebe läßt sich nicht beweisen. Ich erfahre sie erst da, wo ich mich auf einen Menschen einlasse. Wenn ich erst dann zu lieben bereit bin, wenn mir der Geliebte seine Liebe beweisen kann, werde ich nie lieben können. Liebe ist ein Ereignis, das da möglich wird, wo sich zwei Menschen aufeinander einlassen. Und wer sich auf einen anderen einlassen will, der muß sich selbst einbringen und zugleich sich selbst loslassen können. Wo dieses »Loslassen-Können« fehlt, kann keine Liebe entstehen.

So wird die Bereitschaft, sich auf das reale Leben einzulassen, zur entscheidenden Voraussetzung, um Gott erfahren zu können. Es gibt keinen Beweis dem gelebten Leben voraus. Nur im gelebten Leben selbst kann ich auf Spuren Gottes stoßen. Die Frage nach Gott ist theoretisch nicht zu beantworten. Und wo ich in meinem Leben auf Spuren Gottes stoße, bleibe ich oft einsam. Denn Spuren, die für mich sprechen, beeindrucken andere überhaupt nicht. Ich bin als Ich herausgefordert, wenn es um den Glauben an Gott geht. Ich kann mich da durch niemanden vertreten lassen. Und so ist die Suche nach den Spuren Gottes zu einer anspruchsvollen Aufgabe geworden. Norbert Hilbig unterstreicht das in seinem Gedicht »Die Ankunft Gottes«:

Die Ankunft Gottes
wird nicht durch Plakate angekündigt.
Man muß aufpassen,
daß man den Termin
nicht versäumt.

Denn man muß da gewesen sein.
Es genügt nicht,
am nächsten Tag
die Pressekritik
zu dieser Veranstaltung zu lesen.

»Man muß da gewesen sein«. Ich denke nicht irgendwo, sondern in meinem eigenen Leben. Wer an der Oberfläche lebt, dem wird Gott nie begegnen, wer aber in die Tiefe seines eigenen Lebens hört, der wird vielleicht die Stimme Gottes hören. Sie wird kaum laut und zwingend hörbar sein, sondern leise, fein und leicht zu überhören.

In dieser Situation werden andere Menschen bedeutsam. Sie werden zu »Hörhelfern«. Sie helfen mir dabei, die Antwort zu wagen trotz der fehlenden Beweise und trotz der vielen starken Argumente gegen die Existenz Gottes. Ich bin nicht allein auf der Spur seines Geheimnisses. Als Glaubender bin ich auf Mitglaubende verwiesen. Glaube ist wohl nur in einer Gemeinschaft von Glaubenden möglich. Sosehr ich in meinem eigenen Leben auf die Spuren Gottes stoße, ebensosehr bedarf ich für die Spurensicherung anderer Menschen. Allerdings nicht der lautstarken und redegewandten Missionare auf der Straße, deren Engagement an der geschwollenen Stirnader sichtbar wird. Wohl fordert Petrus seine Leser auf: »Seid stets bereit, jedem Rede und Antwort zu stehen, der nach der Hoffnung fragt, die euch erfüllt.« Aber sogleich fügt er mahnend hinzu: »Aber antwortet bescheiden und ehrfürchtig, denn ihr habt ein reines Gewissen« (1 Petr 3,15.16). Und so ist Kurt Koch nur beizupflichten, wenn er schreibt: »Zu einer solchen diskreten Weitergabe des Glaubens gehört vor allem der weise Takt des Glaubens, daß der Evangelisator nicht gleichsam mit der Tür seines Glaubenszeugnisses in das Haus des Menschen fällt und diese mit seiner Botschaft auf keinen Fall überrumpelt. Denn nichts schadet der Verkündigung des Glaubens mehr als religiöse Aufdringlichkeit: Aufdringlichkeit ist noch allemal der Tod der Eindringlichkeit! Der gute Evangelisator ist vielmehr daran zu erkennen, daß er nicht nur immer redet, sondern auch zu hören bereit ist, auch und gerade darauf, was der heilige Geist ihm in der Begegnung mit einem – angeblich? – ›ungläubigen‹ Menschen sagen will« (K. Koch, Kirche ohne Zukunft?, Freiburg i. Br. 1993, S. 69/70). Und so ist es zuweilen nötig, sich um des Glaubens willen gute Christen vom Leib zu halten.

2.2 Ich glaube an Gott, der Himmel und Erde geschaffen hat

Stammt er nun wirklich vom Affen ab? Oder hat ihn doch der liebe Gott persönlich geschaffen? Den Menschen, Adam und seine Gefährtin Eva? Immer wieder hört man vom Streit um solche Alternativen. Dabei behauptet weder die Wissenschaft, daß der Mensch einfach unmittelbar vom Affen abstamme, noch meint die Bibel, daß Gott sich wie ein Töpfer ins Zeug gelegt hat, um den Menschen eigenhändig zu schaffen. Was aber bekenne ich, wenn ich mich zu Gott dem Schöpfer des Himmels und der Erde bekenne?

Das erste, was dieses Bekenntnis sagen will, ist dies: Gott und die Welt stehen in Beziehung zueinander. Es sind nicht zwei Wirklichkeiten, die, auch wenn sie nicht miteinander identisch sind, voneinander getrennt werden könnten. Das hat konkrete Auswirkungen auf mein Verhältnis zu den Dingen und Ereignissen dieser Welt. Es hindert mich daran, die Welt als reines Zufallsprodukt zu nehmen. Die Welt ist nicht eine Schutthalde reiner Zufälle, auch wenn ich Dinge und Ereignisse zuweilen als zufällig und widerwärtig erlebe. Dadurch bin ich herausgefordert, immer wieder nach dem Sinn der Dinge und nach dem Zusammenhang der Ereignisse zu suchen. Das Bekenntnis zu Gott als dem Schöpfer aller Dinge ist so der Grund dafür, daß ich in allem nach einem Sinn suchen kann. Wäre die Welt wirklich zufällig entstanden, wäre es sinnlos und unangemessen, nach diesem Sinn zu suchen. Der Zufall wäre der Herr meines Alltags. Und alles müßte ich hinnehmen, so wie es eben kommt. Nicht nach dem Sinn der Dinge müßte ich fragen, sondern nach dem Vorteil für mich suchen und alle meine Schläue zusammenkratzen, um die Ereignisse zu meinen Gunsten zu beeinflussen. Denn wenn ich nichts unternehme, dann kommt alles so, wie es der Zufall fügt.

Viele sagen nun, die Welt im großen und im kleinen beschere uns soviel Sinnlosigkeit, daß keinesfalls ein guter Gott Ursprung dieser Welt sein könne. Diese Frage nach der Existenz Gottes angesichts des Übels und des Bösen in der Welt ist tatsächlich die härteste Herausforderung des Schöpfungsglaubens. Viele Philosophen haben sich darüber den Kopf zerbrochen, und Theologen haben dazu dicke Bücher geschrieben. Keiner aber konnte die Frage endgültig klären. Und so muß damit gerechnet werden, daß wir auf diese Fragen nie theoretisch befriedigende Antworten erhalten werden. Wir entdecken nur immer wieder Menschen, die aus ihrem Glauben die Kraft finden, im Leid zu klagen, zu beten und in ihrer Not nicht einfach unterzugehen. So löst der Glaube an Gott den Schöpfer nicht alle Rätsel auf. Er ist aber der Grund dafür, daß wir das Sinnlose als sinnlos erfahren können und nicht bloß als zufälliges Schicksal ohne sinnvollen Protest und Widerstand hinnehmen müssen. Denn wäre die Welt bloß Produkt willkürlicher Zufälle, könnte ich gar nicht Sinn und Unsinn unterscheiden. Was geschieht, geschähe eben und könnte nicht nach den Kategorien von Sinn und Unsinn qualifiziert werden. Ich müßte die Dinge nehmen, wie sie kommen, und mich blind in das ergeben, was der Zufall mir zuschickt. Jeder Protest wäre lächerlich. Das Festhalten am Schöpfungsglauben dagegen ermöglicht mir, gegen Sinnloses zu protestieren. Wenn ich davon ausgehe, daß Gott die Welt geschaffen hat, dann kann es mir nicht gleichgültig sein, wie mir die Welt entgegenkommt. Dann wird es sinnvoll, sich am Schönen zu freuen. Dann wird es möglich, gegen alles

Lebensbedrohliche anzugehen. Der Verlust des Schöpfungsglaubens läßt den Protest gegen den Unsinn in all seinen Ausfaltungen in sich zusammenbrechen.

Die Erfahrung des Negativen, des Übels und des Bösen ließe aber auch auf eine andere Weltentstehungstheorie schließen. Darauf nämlich, daß eine böse Macht, das Negative, der Teufel, am Ursprung der Welt stehe: eine Deutung, die ja immer wieder auch konkrete Gestalt annahm. Der Schöpfungsglaube setzt sich von dieser Sicht der Dinge ab. Nicht der Teufel, sondern Gott steht am Ursprung aller Dinge. Daran wird auch im Angesicht des Todes in all seinen Dimensionen festgehalten. Dadurch verliert der Glaube an den Schöpfergott seine naive Biederkeit. Er wird zu einer Zumutung. Im Lied der Hanna (1 Sam 2,6f) heißt es zum Beispiel: »Der Herr macht tot und lebendig, / er führt zum Totenreich hinab und führt auch herauf. / Der Herr macht arm und reich, / er erniedrigt, und er erhöht.« Die Beterin ist bereit, alles aus der Hand Gottes zu nehmen und die Dinge und Ereignisse der Welt nicht je einer guten und/oder bösen Hand zuzuordnen. Damit wird das Negative nicht weggeredet: Es wird ihm aber keine absolute, endgültige Kraft zugesprochen. Der Glaube an den Schöpfergott ist der Glaube daran, daß diese Welt in ihrer harten Widersprüchlichkeit auf Heil- und Ganzwerden angelegt ist. Der Glaube an Gott den Schöpfer ist so die konkrete Absage an die Macht des Negativen. Er ist das Fundament dafür, daß ich mich der Faszination des Negativen in all seinen Schattierungen entziehen kann. Und so ist er der Grund dafür, gegen alle Mächte anzutreten, die das Leben zerstören wollen, gerade dort, wo ich die große Kraft dieser Todesmächte erfahre.

Der Streit um den Schöpfungsglauben spielt sich so nicht auf der Ebene der Weltentstehungstheorien ab. Hier hat die Wissenschaft zu reden und zu schweigen, je nach

Beweislage. Der Streit spielt sich vielmehr in meinem Alltag und in den gesellschaftlichen Auseinandersetzungen, in denen wir stecken, ab. Dort nämlich, wo es zu entscheiden gilt, ob wir unser Leben nach dem Prinzip des Zufalls, der leicht zur Willkür verkommt, organisieren oder ob wir immer und konsequent nach dem Sinn der Dinge und der Ereignisse fragen, um unser Handeln danach auszurichten. Wer nach dem Sinn im kleinen und im großen fragt und deshalb, wenn es nötig wird, Widerstand leistet gegen allen Unsinn, der bekennt darin seinen Glauben an »Gott, den Allmächtigen, den Schöpfer des Himmels und der Erde«. Und so komme ich nicht zuerst in der Diskussion um Weltentstehungstheorien auf die Spur des Schöpfungsglaubens, sondern dort, wo ich mich mit meinem Leben abgebe. Nicht die Fragen nach dem Woher, sondern die Frage nach der aktuellen Gegenwart und ihrer Bedeutung eröffnet mir den Sinn des Schöpfungsglaubens.

2.3 Wie bloß an die Vorsehung glauben?

Er hängt am Kasten im Krankenzimmer: der berühmte Vers aus dem Neujahrsgedicht Dietrich Bonhoeffers: »Von guten Mächten wunderbar geborgen, erwarten wir getrost, was kommen mag. Gott ist mit uns am Morgen und am Abend, und ganz gewiß an jedem neuen Tag.« Verse, die Bonhoeffer im Gefängnis geschrieben hat, wenige Wochen vor seinem gewaltsamen Tod. Daneben liegt mein Bruder im Krankenbett: kopfoperiert. Ein Leben, das nicht so verläuft, wie er es sich sehnlichst wünscht, eine ungewisse Zukunft vor uns. Da kommen mir diese Verse zynisch vor, grausam und ohne wahrnehmbaren Sinn.

Das Erste Vatikanische Konzil hat den Glauben an die Vorsehung Gottes dogmatisch formuliert: »Alles, was Gott schuf, schützt und leitet er mit seiner Vorsehung ›kraftvoll von einem Ende zum andern reichend und alles mit Milde ordnend‹ (Weisheit 8,1). ›Es liegt ja alles bloß und offen vor seinen Augen‹ (Hebr. 4,13), auch das, was durch die freie Handlung der Geschöpfe geschehen wird.« Fürwahr eindeutige Sätze. Da hat Gott also die Dinge mit Milde so geordnet, daß mein Bruder ohne erkennbare Schuld einen Unfall erlitt? Da steckt der schützende und leitende Gott hinter den Fluten, die mit zerstörerischer Regelmäßigkeit Bangladesh ertränken? Da schützt Gott das Kind, das mißgestaltet geboren wird und nach wenigen Tagen stirbt? Ich bin wahrhaftig nicht der einzige, den diese Fragen umtreiben. Und ich verstumme dumpf, wenn ich diesen Glauben so kräftig und überzeugt verkündet höre, wie ihn die Konzilsväter formulierten.

Das Alte Testament ist geprägt von diesem Glauben an Gottes vorausschauende und bis ins einzelne reichende Fürsorge für sein Volk. Die Erinnerung an den Exodus, die Befreiung des Volkes aus der Knechtschaft in Ägypten, hat Israel in den widersinnigen Wirrungen und Irrungen seiner Geschichte gestärkt und ermutigt. Der Profet Jesaja spricht aus diesem Glauben, wenn er Gottes Wirken auch im Feind Israels, in Kyros, erkennt. Zu diesem Feind Israels spricht Gott bei diesem Profeten: »Ich bin der Herr, und sonst niemand; außer mir gibt es keinen Gott. Ich habe dir den Gürtel angelegt, ohne daß du mich kanntest, damit man vom Aufgang der Sonne bis zu ihrem Niedergang erkennt, daß es außer mir keinen Gott gibt. Ich bin der Herr, und sonst niemand. Ich erschaffe das Licht und mache das Dunkel, ich bewirke das Heil und erschaffe das Unheil. Ich bin der Herr, der das alles vollbringt« (Jes 45, 5–7). Das Buch Ijob beginnt mit einer Rahmenerzählung, die Ijob als einen Menschen schildert, der sich in der tiefsten Versuchung bewährt. Er nimmt alles aus Gottes Hand: das, was ihm zum Segen wird, aber auch das, was sein Leben zerstört. Er verliert seine ganze Familie, Hab und Gut und reagiert darauf folgendermaßen: »Nun stand Ijob auf, zerriß sein Gewand, schor sich das Haupt, fiel auf die Erde und betete an. Dann sagte er: ›Nackt kam ich hervor aus dem Schoß meiner Mutter; nackt kehre ich dahin zurück. Der Herr hat gegeben, der Herr hat genommen; gelobt sei der Name des Herrn.‹ Bei alldem sündigte Ijob nicht und äußerte nichts Ungehöriges gegen Gott« (Ijob 1, 20–22).

Auch im Neuen Testament wird dieser Glaube bezeugt. Eindrücklich etwa bei Matthäus: »Verkauft man nicht zwei Spatzen für ein paar Pfennig? Und doch fällt keiner von ihnen zur Erde ohne den Willen eures Vaters. Bei euch aber sind sogar die Haare auf dem Kopf alle gezählt. Fürchtet euch also nicht! Ihr seid mehr wert als viele Spatzen« (Mt 10, 29.30). Und auch durch die ganze Kirchengeschichte hindurch wird der Vorsehungsglaube immer wieder neu bezeugt. Dieser Aspekt des Glaubens gehört offenbar ins Zentrum des christlichen Credos. Die vielen Menschen, die bittend vor Gott treten, leben aus ihm. Und dennoch erscheint dieser Glaube in vielen Situationen als purer Zynismus, sein Bekenntnis als heroische Selbstverleugnung. Kann ich eigenes Leid vielleicht noch aus dieser Haltung heraus annehmen, so versagen diese Worte im Angesicht fremden Leids vollends. Ich kann vor den Tagesschaubildern nicht wie Ijob sprechen: »Der Herr hat gegeben, der Herr hat genommen. Gepriesen sei der Name des Herrn.« Schon eher könnte ich nachvollziehen, was ein Kollege mir kürzlich erläuterte: »Die Lehre von der Wiedergeburt löst den Zynismus deines Glaubens auf. Das verhungerte Kind wird wiedergeboren und ein Leben in Freude und Glück leben können.«

Schwierig wird es mit dem Vorsehungsglauben, wo er zur welterklärenden Theorie gemacht wird. Das geschah im Zukunftsoptimismus der Aufklärung. Leibniz etwa ist davon ausgegangen, daß Gott die beste aller möglichen Welten geschaffen hat, d. h. Natur und Geschichte sind in ihrem Ursprung vernünftig eingerichtet, und so ist das geordnete Zusammenspiel aller Kräfte garantiert; es gibt eine bruchlose harmonische Weltordnung, die rational durchsichtig ist. Der moderne Glaube an die ordnende Kraft des Marktes nimmt diese Vorstellung im Grunde auf. Eine sinnvolle Weltordnung stellt sich ein, wenn der Markt seine eigenen Gesetze unbehindert spielen lassen kann. Offenbar steckt die Sehnsucht nach einer umfassenden, alles zum Guten ordnenden Vorsehung tief im Menschen drin. Er möchte das Prinzip kennen und handhaben können, das die Ordnung der Welt und damit Sicherheit garantiert.

Gott aber ist kein Prinzip, sondern ein Gegenüber. An Gott glauben heißt nicht, die Rätsel der Geschichte verstehen. Es mutet mir bloß zu, in meiner Geschichte nicht unterzugehen. Das Buch Ijob gibt uns da einen deutlichen Hinweis. In langen Kapiteln erzählt es, wie vier Theologen Ijob seine Anklage gegen Gott ausreden wollen. Ijob wünscht sich den Tod, weil er nicht vor jenem Würgegott leben will, der mit spitzen Pfeilen des Leides sein Leben vergiftet hat. Das Buch endet mit einer Rede Gottes, die nicht direkt auf die Anfragen Ijobs eingeht. Eindeutig aber schützt Gott Ijob in seiner Anklage. Er nimmt nämlich nicht Partei für die vier Theologen, die ihn ja rechtfertigen wollten: »Mein Zorn ist entbrannt gegen dich und deine Gefährten; denn ihr habt nicht recht von mir geredet wie mein Knecht Ijob« (Ijob 42,7). Dem fragenden Ijob wird also das Recht zum Fragen ausdrücklich zugestanden. Gleichzeitig stellt ihn die Gottesrede in einen neuen Horizont. Sie fordert ihn auf, die Welt als Gottes Schöpfung wahrzunehmen; sie leistet den Klagen Ijobs, die sie nicht verbietet, Widerstand und eröffnet ihm den Weg, sich und sein Lebensschicksal neu zu verstehen. Ihm, der hartnäckig nachfragt und auf der Widersprüchlichkeit der Welt beharrt, ihm wird zugesprochen, daß Gott die Welt nicht im Chaos versinken läßt. Man könnte das auch so formulieren: Wer über Leid und Not erschrickt und nicht einfach zur Tagesordnung übergehen kann, wer in solchen Situationen am Sinn des einzelnen Ereignisses und der Welt im ganzen zweifelt, der gibt in seinem Zeugnis kund, daß er auf einen Sinn des einzelnen Ereignisses und der Welt im ganzen hofft. Genau das geschieht im Bittgebet. Ich halte die erfahrene Not fest und deute sie als das, was nicht sein soll. Das kann ich aber nur, wenn ich darauf hoffe, daß das Leben des Menschen, für den ich bitte, auf Sinn angelegt ist. Damit führt der Vorsehungsglaube nicht zu einer naiven Ergebung in mein Schicksal, sondern gerade zum Protest und zum Handeln auf Sinn hin. Der Vorsehungsglaube fordert mich in meiner Freiheit heraus. In ihr will Gott unablässig ›zur Welt kommen‹ und sich selbst und seine Menschenfreundlichkeit welthaft zur Geltung bringen. Der Vorsehungsglaube lädt mich ein, dieses Wagnis einzugehen im Vertrauen darauf, daß sich im Wagen das zeigt, was ich wage.

Was bedeutet das aber, wenn ich an meinen Bruder denke, wie er damals über lange, lange Stunden operiert wurde? Habe ich damals gedacht, er liege in Gottes Hand? Habe ich damit die Hoffnung auf den guten Ausgang verbunden? Habe ich damit die Möglichkeit des schlechten Ausgangs verdrängt? Was hat mich in dieser Anspannung gehalten? Zunächst nur dies: das Warten und Mich-Beschäftigen, das immer wieder Zurückfragen in den Operationssaal, wie es denn stehe. Und die präzisen medizinischen Auskünfte über den Fortgang der Operation. Dann eine Kerze, die ich angezündet habe und die langen Stunden brennen ließ. Und schließlich der Glaube, »daß Gott alles, was er schuf, schützt und kraftvoll leitet und alles mit Milde ordnet«? Vielleicht habe ich die Kerze angezündet, daß sie für mich stellvertretend diesen Glauben flackere. Vielleicht bewirkte er, daß ich nicht innerlich weglief, sondern dranblieb mit meinem Interesse an dem, was da geschah und in der Schwebe war. Zuvorderst auf der Zunge lag er mir auf alle Fälle nicht, der Glaube an die Vorsehung Gottes. Aber vielleicht bestimmte er doch untergründig mein konkretes Verhalten mit.

2.4 Ich ahne, Gott lebt in mir

Mystiker sind erstaunliche Leute. Sie wagen sich in die Tiefe und damit an die Grenzen gläubiger Existenz. Zwar haben Mystiker den Ruf, sich aus der Welt verabschiedet zu haben und in Himmelshöhen zu wandeln. Doch diese Ansicht ist falsch. Wahre Mystik führt mitten ins Leben hinein.

Da steht etwa in einer Predigt des berühmten Mystikers Meister Eckehart zu lesen: »Denn wahrlich, wenn einer wähnt, in Innerlichkeit, Andacht, süßer Verzückung und in besonderer Begnadung Gottes mehr zu bekommen als beim Herdfeuer oder im Stalle, so tust du nichts anderes, als ob du Gott nähmest, wändest ihm einen Mantel um das Haupt und schöbest ihn unter eine Bank.« Erstaunlich, was da formuliert wird. Im Stall ist Gott ebenso zu finden wie in der frommen Andacht. Und – das ist zu beachten – nicht der Bauer, der eine billige Entschuldigung für sein Verhalten sucht, sondern der Mystiker, dem doch soviel an Innerlichkeit und Andacht liegt, formuliert diese Sätze. Eckehart begründet zudem seine Aussage: Solange einer etwas aus einem Motiv tut, das nicht in der Sache gründet, die er gerade tut, bleibt sein Handeln fragwürdig. Motivation und Inhalt seines Handelns stimmen nicht überein. Das gilt in ganz besonderer Weise, wo einer Gott sucht. Eckehart sagt das so: »Denn wer Gott in einer bestimmten Weise sucht, der nimmt die Weise und verfehlt Gott, der in der Weise verborgen ist.« Das heißt, der verwechselte Gott mit der Vorstellung, die er von ihm hat. Er meint, daß das Instrument, das er sich für seine Gottsuche zurechtgelegt hat, Gott selber sei. Seine Frömmigkeit wird zum Werk, er verwechselt Gott mit seinen frommen Werken. Gott ist aber nicht das, was der Mensch tut, sondern Gott ist der, der dem Menschen entgegenkommt. Eckehart rät deshalb, daß man Gott »ohne Weise« suchen soll. Was er damit meint, erläutert er mit einer Frage, die sich jedem Menschen stellt: »Warum lebst du?« Darauf gibt das Leben selbst nur eine Antwort: »Ich lebe darum, daß ich lebe.« Eckehart deutet diese Antwort: »Das kommt daher, weil das Leben aus seinem eigenen Grunde lebt und aus seinem Eigenen quillt; darum lebt es ohne Warum eben darin, daß es für sich selbst lebt.« Für die Suche nach Gott zieht er aus diesen Argumenten eine eindeutige Konsequenz: »Nun begehrt Gott nichts mehr von dir, als daß du aus dir selbst ausgehest deiner kreatürlichen Seinsweise nach und Gott Gott in dir sein läßt.«

Damit ist Wichtiges gesagt: Ich finde Gott nur bei mir selbst. Das bedeutet allerdings nicht, daß mein Ich und Gott identisch sind. Dies eben gerade nicht. Es wird aber erkennbar, daß ich Gott nur als ich selbst begegnen kann – da nämlich, wo ich das, was mir selber aufgetragen ist, auch tue. In den Sätzen Eckeharts steckt eine gehörige Kritik an manchen Formen der Frömmigkeit. Fromme Übungen sind bisweilen nichts anderes als der Versuch, mich selber und nicht Gott zu suchen. Wenn ich meine, durch eine Technik, die ich mir zurechtlege, Gott finden zu können, dann ist das nichts anderes als der Versuch, Gott in den Griff zu bekommen, ihn mittels einer Technik besitzen zu wollen. Und Eckehart scheut sich nicht, auch fromme Techniken diesem Verdacht auszusetzen.

In einer modernen Sprache könnte man das Anliegen des Mystikers so verdeutlichen: Ich kann Gott nicht haben, ich kann ihn nur sein lassen. Ich kann Gott nicht erobern, ich kann nur entdecken, daß er schon in mir ist. Nicht der kühne Zugriff sondern Loslassen ist gefragt. Im Loslassen schaffe ich in mir Raum für seine Gegenwart. Allerdings darf ich mir das nicht so vorstellen, daß ich den Raum zuerst schaffen muß, in dem dann Gott einziehen wird. Gott ist immer schon da, mir voraus. Es geht nur darum, daß ich ihm den schon vorhandenen Raum lasse und ihn nicht mit anderem, das nicht Gott ist, verstelle. Eine alte Wanderlegende erzählt darum so: Einer hat davon gehört, daß es am Ende der Welt einen Ort gibt, wo Himmel und Erde sich berühren. Dort sei eine Türe eingelassen, und wer sie öffne, der stehe vor Gott. Jener brach auf und wanderte von Stadt zu Stadt auf der Suche nach der wunderbaren Türe. Die Reise war anstrengend, und er hatte manche Bewährungsprobe durchzustehen. Jahre war er so unterwegs, als er endlich gegen Ende einer durchwanderten Nacht die so unendlich lange gesuchte Türe entdeckte. Er war inzwischen schon recht alt geworden. Mit zittrigen Händen öffnete er die Türe und schritt mit geschlossenen Augen über die Schwelle. Und wie er die Augen öffnete, da fand er sich in seiner eigenen Wohnung, die er vor vielen, vielen Jahren verlassen hatte.

Glauben und Leben sind also in einer gewissen Weise identisch. Wer sein Leben durch und durch lebt, der wird gleichsam von selbst in die Dimension des Glaubens vorstoßen. Und wer lernen will, was das Glauben bedeutet, der muß sich zunächst ganz seinem eigenen Leben aussetzen.

Angelus Silesius hat das so formuliert: »Halt an, wo läufst du hin? Der Himmel ist in dir: suchst du Gott anderswo, du fehlst ihn für und für.« Und so stehen wir mit einem Mal vor der Frage, ob wir den Glauben deshalb verloren haben, weil wir das Leben verlernt haben. Der Bauer findet Gott beim Herdfeuer und im Stall, hat Meister Eckehart gelehrt. Wir finden ihn, wenn wir uns auf unser eigenes Leben einlassen.

2.5 Ich glaube an Gott, der das Fragezeichen erfunden hat

Gottesgewißheit, Eindeutigkeit und Klarheit sind nicht nur in religiösen Dingen wieder mehr gefragt. Eindruck macht, wer etwas fest und lautstark behauptet, wer ein unerschütterliches Zeugnis ablegt. Zu fragen bleibt aber, ob diese Art von Gott zu reden, tatsächlich Gott angemessen ist.

Kürzlich ist mir ein eindrückliches Gedicht in die Hände gekommen. »Schutzzeichen« ist die Überschrift, die ihm der Verfasser, Dieter Frost, gegeben hat.

Ich glaube
Gott selber erfand
das Fragezeichen
als Versteck
wenn Besserwisser
mit Ausrufezeichen
auf ihn einschlagen.

Ein Gedicht, daß uns einlädt, innezuhalten, wenn wir von Gott reden, nachzudenken und uns auf Den zu besinnen, um den es in unserer Rede um Gott geht. Denn nicht an unseren Wünschen und Bedürfnissen darf sich unsere Rede von Gott orientieren, sie muß immer wieder fragen, wie Er sich denn tatsächlich offenbart. Das Gedicht will darauf aufmerksam machen, daß Gott eher hinter Fragezeichen verborgen ist. Mit dem Brustton tiefster Überzeugung vorgebrachte Gottesbekenntnisse garantieren nicht, daß in dem Bekenntnis tatsächlich von Gott geredet wird. Ja, zu selbstsicher vorgetragene Aussagen sind kritisch zu befragen. Gott ist kein Freund der Ausrufezeichen. Wer genauer in die Bibel schaut, wird diese These bestätigt finden.

Da ist die Geschichte von der Gottesoffenbarung am brennenden Dornbusch. Mose hat hier Gott neu erfahren und dabei einen neuen Gottesnamen geschenkt bekommen. Der Gott, der das Volk aus Ägypten herausführen will, ist ihm begegnet. Interessant ist in diesem Zusammenhang die Beobachtung, wie schwer es Mose fällt, seinen Auftrag und seine Gottesbegegnung dem Volk weiterzugeben. Er zögert. Er bittet Gott, ihn von seinem Auftrag zu entbinden. Doppelt ist dabei seine Begründung: Die Leute werden mir den neuen Gottesnamen nicht abnehmen. Sie werden sagen, ich sei ein Schwätzer, Gott sei mir gar nicht erschienen. Und zum andern werden sie sagen, ich sei ein schlechter Redner. Deshalb mußt du dir einen suchen, der besser formulieren kann als ich. Die Gotteserfahrung des Mose führt also nicht dazu, daß er voll Eifer und Freude vor das Volk tritt. Die Fragezeichen herrschen vor. Gerade diesen Mann aber, der die Fragezeichen so deutlich formuliert, hat Gott ausgewählt, den neuen Namen Gottes und die neue Befreiungstat Gottes anzukünden. Ich denke, das ist nicht zufällig. Es hat mit Gott selbst zu tun. Die aber, vor denen sich Mose fürchtet, weil er meint, sie nicht überzeugen zu können, sind jene, die sagen: »Wir kennen unseren Gott.« Sie setzen ein deutliches Ausrufezeichen: »Wir wissen, wie er heißt und was er von uns will.« Wer hinter den Namen seines Gottes ein Ausrufezeichen setzt, der traut seinem Gott keine Zukunft mehr zu.

Paulus macht eine ähnliche Erfahrung. In der Gemeinde Korinth, die er gegründet hat, treten Prediger auf, die in großartigen Worten von den großen Taten Gottes, die er an ihnen vollbracht hat, erzählen. Sie machen Eindruck, und so gerät Paulus in der Gemeinde ins Abseits. Man wirft ihm vor, sein Auftreten sei farblos, seine Worte seien armselig. Man läßt sich von der Wortgewalt und den Wunderberichten der neuen Prediger blenden. In dieser Auseinandersetzung schreibt Paulus so an die Gemeinde von Korinth: »Gott aber antwortete mir: Meine Gnade genügt dir; denn sie erweist ihre Kraft in der Schwachheit. Viel lieber also will ich meine Schwachheit rühmen, damit die Kraft Christi auf mich herabkommt« (2 Kor 12,9). Er steht zu seinen Grenzen. Er versucht nicht mit der eindrücklichen Rhetorik seiner Gegner zu konkurrieren. Er redet nicht von großartigen Taten Gottes, die ihn selbst zum außerordentlichen Menschen machen. Er sagt nicht: »Seht her, wie großartig ich bin. Da muß doch mein Gott ebenso großartig sein.« Paulus argumentiert gerade gegenteilig: »Ich bin gar kein besonders begabter Mensch. Wer mich sieht, der sieht einen durchschnittlichen Menschen, wie es tausende gibt. Ich kann mir nichts einbilden wegen meiner Taten und Leistungen. Ich rede euch aber von einem großartigen Gott, der in ganz gewöhnlichen Menschen, wie ich einer bin, wirkt.« Paulus erzählt im gleichen Brief auch von einem Stachel in seinem Fleisch, der ihn in seiner Arbeit behindert. Er berichtet, daß er Gott gebeten habe, ihm doch diesen Stachel herauszuziehen. Diese seine Bitte aber wurde nicht erhört. Und daraus folgert Paulus: »Damit ich mich nicht überhebe, wurde mir dieser Stachel ins Fleisch gestoßen.« Paulus muß sich selber gleichsam als Fragezeichen erfahren. Zu sagen: »Seht her, wie großartig ich bin«, und hinter diese Aussage ein markantes Fragezeichen zu setzen, das ist offenbar die Versuchung der Überheblichkeit, von der Paulus spricht.

Diese beiden Hinweise auf Mose und Paulus, die vorbildliche Gotteszeugen sind, zeigen, daß das Fragezeichen zum Reden von Gott dazugehört. Wer ungebrochen, mit großer Wortgewalt von Gott redet, der steht nicht in der

Tradition dieser Zeugen. Wer sich selber ständig vordrängt und überall und immer von Gott redet, ebensowenig. Die Rede von Gott ist in leiseren Tönen zu führen. Gott bedient sich der Fragezeichen und nicht der Ausrufezeichen, um von sich Zeugnis zu geben. Seine Zeugen wissen offenbar um die Zerbrechlichkeit der Rede von Gott, sie fließt ihnen nicht wie eine Propagandarede aus dem Mund. Und offenbar wählt Gott diejenigen Menschen zu seinen Zeugen, die Fragezeichen in ihrem Leben wahrnehmen und nicht jene, denen alles klar und eindeutig ist, die überall nur Ausrufezeichen setzen können. Nicht das unerschütterliche Reden von Gott ist also gottgefällig, vielmehr das Reden, dem man die Erschütterung anmerkt, die eine Gotteserfahrung und der Auftrag, von Gott Zeugnis zu geben, auslösen. Von Gott ist in leisen Tönen zu reden, mit vielen Pausen.

Jesus selbst gibt Zeugnis davon. Sein Leben endet nach dem Markusevangelium in einem Fragezeichen: »Mein Gott mein Gott, warum hast du mich verlassen?« sind die letzten Worte Jesu am Kreuz. Sein Leben endet nicht mit einem Triumph, der mit großen Schlagzeilen und mit vielen Ausrufezeichen gefeiert werden könnte. Und auch die Botschaft von der Auferweckung Jesu wird im Markusevangelium mit leisen Tönen bezeugt. Von den Frauen, die am Grab dem Engel begegnet sind, heißt es in den letzten Sätzen dieses Evangeliums: »Da gingen sie hinaus und flohen vom Grab; denn Schrecken und Entsetzen hatte sie gepackt. Und sie sagten niemandem etwas davon; denn sie fürchteten sich sehr« (Mk 16,8). Allerdings sind diese Fragezeichen jeweils nicht das Ende des zu Erzählenden. Diese Fragezeichen weisen vielmehr immer über sich hinaus nach vorne. Die Frauen am Grab erhalten vom Engel einen Auftrag, der sie nach vorne führt: »Nun aber geht und sagt seinen Jüngern und Petrus: Er geht euch voraus nach Galiläa; dort werdet ihr ihn sehen, wie er euch gesagt hat«

(Mk 16,7). In dem, was auf sie zukommt, kommt ihnen der auferweckte Jesus entgegen. Gott ist ihnen voraus und zeigt sich, wenn sie sich ihrer Zukunft öffnen. Das Fragezeichen hat diese öffnende Funktion. Wer Fragen stellt, der ist für das Kommende offen. Wer Ausrufezeichen setzt, der hat schon alles, dem genügt die Vergangenheit.

Das Wissen um die Liebe Gottes zu den Fragezeichen, in denen er sich zuweilen selber verbirgt, ist für mich sehr tröstlich. Denn oft begegnen mir Fragezeichen in meinem Leben. Gutgläubige Menschen verdächtigen mich dieser Fragezeichen wegen. Sie werfen mir mangelnden Glauben vor, mangelnde Demut und Bescheidenheit. Und dadurch schleicht sich in mir der Anspruch an mich ein, mein Glauben müsse unerschütterlich sein und aus ihm müsse sich jedem Fragezeichen sofort ein Ausrufezeichen entgegenhalten lassen.

2.6 Ich glaube an Gott, den »militanten Atheisten«

Darüber sind sich die meisten im Streit der Meinungen noch einig. An einen Gott glauben sie, an ein höheres Wesen, an einen, der von irgendwoher alles zusammenhält und letzte unverzichtbare Garantien gibt. Aber ist damit vom Gott der Religionen, vom Gott Abrahams, Isaaks, Jakobs und Jesu Christi die Rede?

Das alttestamentliche Bilderverbot, das es untersagte, Gott darzustellen, hat in den drei monotheistischen Religionen, im Judentum, im Christentum und im Islam, je unterschiedlich Eingang gefunden: Zeichen eines deutlichen Gespürs dafür, daß Gott immer größer ist als die Bilder – auch die sprachlichen –, die wir uns von ihm machen; Hinweise darauf, daß in jedem Gottesbild, das Menschen gestalten, ein guter Teil eigener Wünsche und Projektionen enthalten ist. Gottesfürchtige Theologen reden deshalb zurückhaltend von Gott.

Gott ist ein überraschender Gott. Eindrücklich bringt das die Bibel in jener Geschichte von Mose vor dem brennenden Dornbusch zum Ausdruck (Ex 3,1ff). Da wird von der Gottesbegegnung des Mose berichtet, Mose wird vor dem Dornbusch der Name Gottes offenbart. Es ist ein eigenartiger Name: Gott nennt sich »Jahwe«. Das hebräische Wort heißt auf deutsch: »Ich werde dasein, als der ich dasein werde.« Darin stecken gleichzeitig mehrere Aussagen über Gott. Einmal dies: Gott ist für den Menschen da. Er gibt dem Menschen seinen Namen und eröffnet ihm damit die Möglichkeit, ihn anzurufen. Er erscheint also nicht bloß willkürlich und launisch dieses eine Mal. Er verspricht vielmehr, immer und verläßlich gegenwärtig zu sein: Ja, du kannst mir vertrauen; du kannst auf mich zählen… Zugleich – und das steckt im gleichen Gottesnamen – entzieht sich der gleiche Gott aber auch: Nicht immer so, wie du meinst, werde ich dasein, sondern so wie ich das vorhabe. Meine Gegenwart, sagt Gott zu Mose, gilt dir und deinem Volk und meint euch wirklich und ernsthaft. Aber meine Gegenwart ist nicht die Antwort auf eure Wünsche und Erwartungen, sondern ist ein Geschenk, das ich – unverfügbar für euch – von mir her euch schenke. Wenn ich einen zuverlässigen Bund mit euch schließe, heißt das nicht, daß ich mich euch ausliefere. Ihr könnt nicht nach eurem Belieben über mich verfügen.

Der Name Gottes besteht hier aus zwei Tätigkeitsworten, die in die Zukunftsform gesetzt sind: Ich werde dasein, als der ich dasein werde. Das unterstreicht noch einmal die Unverfügbarkeit dieses Gottes, der sich dem Menschen schenkt. Seine Gegenwart entdecke ich, wenn ich vorwärts schaue, wenn ich mich auf die Geschichte einlasse, wenn ich das Leben wage. Gott gilt es in dem, was auf mich zukommt, zu entdecken. An Gott glauben bedeutet dann eben auch, sensibel auf die Suche nach seinen Spuren zu gehen. Dieser Gott läßt sich nicht in einem Bild festhalten. Er ist nicht einfach das höchste Wesen, das alles zusammenhält.

Der bedeutende Schweizer Theologe Fridolin Stier hat in seinem Tagebuch »Vielleicht ist irgendwo Tag« unter dem 18. Juli 1972 folgende Sätze geschrieben: »Als der Kardinal-Inquisitor mich fragte, ob ich an Gott glaube, antwortete ich: Nein, an Ihren Gott glaube ich nicht. Als der Atheist mich fragte, ob ich an Gott glaube, antwortete ich abermals: Nein, an den Gott, den Sie leugnen, glaube ich nicht. (…) Also glauben Sie doch an einen Gott, erwiderten mir Kardinal und Atheist wie aus einem Munde. An Gott!

Wenn ich bitten darf, nicht an ›einen‹, wie sie es tun. Nicht an ›einen‹, nicht an ›meinen‹, nicht an diesen noch an jenen, denn das alles sind Götter. Gott liegt im Streit mit den Göttern und mit uns, die deren Bilder verehren oder zerstören, und insofern ist Gott der militanteste ›Atheist‹. Der Inquisitor verurteilte mich wegen Blasphemie, der Atheist schmähte und nannte mich einen Filou.« Hier wird sehr eindrücklich diese Unverfügbarkeit Gottes dargestellt. Und es wird deutlich gemacht, daß er auch dem religiösen Zugriff entzogen bleibt. Gott kann man nicht haben, auch nicht als religiöser Mensch, schon gar nicht als Theologe. Man kann sich Gott nur schenken lassen. Er wird eben dasein, als der er dasein wird.

Deshalb ist gut, allem Reden von Gott immer skeptisch zu begegnen. Das geschieht nicht aus mangelndem Glauben, sondern gerade aus dem Versuch heraus, Gott als Gott ernst zu nehmen. Das geschieht auch nicht aus mangelndem Gehorsam, sondern gerade aus dem Wissen heraus, daß nur der wirklich gehorchen kann, der zu hören versteht – und aus der Erfahrung heraus, daß nur der wirklich hört, der weiß, wie leicht er beim Hinhören sich von falschen Tönen aus sich selbst und um sich selbst herum stören lassen kann. Gott ist, anders als wir uns das wünschen, auch wenn er sich uns endgültig und verbindlich als ein Gott für uns zugesagt hat. Das gilt es aus dem Blick auf die Bibel zu lernen. Deshalb ist die bedrängende Frage, der sich der Glaube heute stellen muß, nicht zuerst die Frage nach dem Atheismus, sondern die Frage nach dem Götzendienst. Wo wird von Dingen dieser Welt wie von Gott geredet? Wo wird der wahre Gott durch ein Götzenbild ersetzt, das uns einen Gott nach unserem Geschmack und nach unseren Wünschen vorstellt? Das geschieht überall da, wo irgendwelche Mächte oder Werte als Letztes hingestellt werden, das nicht hinterfragt werden kann. Die Kirche wird zu einem solchen Götzen, wenn sie jeder Kritik entzogen wird und sie sich an die Stelle Gottes setzt. Der Konsum wird zu einem solchen Götzen, wenn er den Menschen von seiner Fähigkeit zu kaufen und zu besitzen her definiert. Die Gesundheit wird zur Gottesfratze, wenn sie zum letzten Wert gemacht wird und einem Menschen, der krank oder behindert ist, die Daseinsberechtigung abgesprochen wird. Der Staat wird zum Götzenbild, wenn irgendeine Ideologie der nationalen Sicherheit jede Kritik und jeden Widerspruch brutal unterdrückt. Meister Eckehart hat in eindrücklicher Weise von diesem Phänomen gesprochen. Der Eigennutz des Menschen bemächtigt sich Gottes: »Aber manche Leute wollen Gott mit den Augen ansehen, mit denen sie eine Kuh ansehen, und wollen Gott lieben, wie sie eine Kuh lieben. Die liebst du wegen der Milch und des Käses und deines eigenen Nutzens. So halten's alle jene Leute, die Gott um äußeren Reichtums oder inneren Trostes willen lieben; die aber lieben Gott nicht recht, sondern sie lieben ihren Eigennutz. Ja, ich sage bei der Wahrheit: Alles, worauf du dein Streben richtest, was nicht Gott in sich selbst ist, das kann niemals so gut sein, daß es dir nicht ein Hindernis für die höchste Wahrheit ist« (Meister Eckehart, Deutsche Predigten und Traktate, hrsg. von J. Quint, München–Wien 1955, S. 227).

3. Jesus Christus

3.1 Ich glaube an Jesus, das kleine Kind in der Krippe

Gott möchten die einen überall haben, die andern verbannen ihn in die Sakristei und in das innerste Herz des einzelnen Menschen. Die einen siedeln ihn möglichst weit weg in einen fernen Himmel aus, anerkennen zwar ein höheres Wesen über sich und weisen Gott vielleicht den Ort der Seelsorge am einzelnen zu, im sozialen Leben und in gesellschaftlichen Fragen aber hat er nichts zu suchen. Anderen dagegen kann Gott nicht konkret, mächtig und spürbar genug ins Leben einwirken. Jeden Tag können sie Bilanz ziehen und das unmittelbare Eingreifen Gottes gerade an mehreren Orten nachweisen. Der Gott der Christen aber ist anders.

Das christliche Zeugnis bindet von allem Anfang an seinen Glauben an Gott an sein Bekenntnis zu Jesus von Nazareth. In den Bekenntnisformeln und Geschichten der Evangelien wird ein unzertrennbares Band zwischen Gott und dem konkreten Leben Jesu Christi geknüpft. Von Gott kann nur noch im Blick auf das Leben Jesu geredet werden. An ihm und seiner konkreten Lebenspraxis zeigt sich, wer Gott wirklich ist. Diese Verknüpfung führt zu höchst brisanten Einsichten. Das wird etwa deutlich, wenn wir die Weihnachtsbotschaft der Evangelien mit dem damaligen römischen Kaiserkult vergleichen. Im Römischen Reich war Gott im Kaiser gegenwärtig, und zwar in seiner durch Prunk und militärische Gewalt sichtbaren Machtfülle. Mit den gleichen Worten, in denen die Engel den Hirten auf dem Felde die Geburt Jesu ankündigten, wurde auf mächtigen Steindenkmälern die Geburt des ersten römischen Kaisers, des Augustus, verkündet. Er war der Garant des Friedens in der gesamten damals bekannten Welt. Deshalb war das Weihrauchopfer vor der Kaiserstatue als Bekenntnis dafür zu verstehen, daß sich der Opfernde in dieses großartige Friedenswerk einordnete.

Christen verweigerten schon bald dieses Opfer. Denn der Friede hatte für sie sein Fundament in Jesus, der als kleines Kind in einer Krippe geboren wurde und »erniedrigt«, wie Paulus im Philipperbrief formuliert, am Kreuz starb. Nicht der mächtige Kaiser in Rom mit seiner neuen Weltordnung und seinen Heeren war für sie der Friedensgarant, sondern Jesus, der in die Krippe gelegt und ans Kreuz geschlagen wurde. Der Gegensatz könnte nicht größer sein: dort der mächtige Kaiser mit seinen Inszenierungen – hier das kleine Kind in der Futterkrippe.

Trotz dieser eindeutigen Stellungnahme der ersten Christen war die Versuchung, Jesus mit dem Kaiser zu verwechseln, allerdings immer wieder groß. Die Menschen sind ständig in der Gefahr, ihren Glauben von seiner unabdingbaren Verwurzelung in Jesus von Nazareth, dem kleinen Kind in der Krippe, dem gekreuzigten und geschundenen Mann am Kreuz, zu lösen. Sie zeichnen in das Leben, Sterben und Auferstehen Jesu die Züge des Kaisers von Rom. Das wird besonders da beunruhigend, wo der Kaiser selber und seine unterschiedlichen Nachfolger sich der Sprache des christlichen Glaubens bedienen. Der Verweis auf die Krippe und das Kreuz sind hier das nötige Korrektiv. Er ruft in Erinnerung, daß Christen von Gott nur reden können, wenn sie sich zugleich an Jesus Christus orientieren. Die Weihnachtsbotschaft erzählt in einer bildreichen Geschichte, daß Jesus Gott gleich war, wie es Paulus formuliert, aber nicht daran festhielt, wie Gott zu sein. Er gab seine Macht vielmehr auf, entäußerte sich, wurde zum Sklaven und den Menschen gleich (Phil 2,6.7). Das Bekenntnis zu Jesus bezieht sich auf sein konkretes irdisches Leben, auf seine konkrete Lebenspraxis. Nicht um irgend einen innerseelischen oder himmelsfernen Christusmythos geht es da. An den konkreten Geschichten, die uns von den Evangelisten erzählt werden, wird ablesbar, wer Gott ist: daran zum Beispiel, daß er als Kind in einfachen Verhältnissen lebte; daran, daß er die Nähe der Armen und Ausgestoßenen suchte; daran, daß er den Konflikt mit den Mächtigen nicht scheute; daran, daß er seiner Sendung treu blieb und sie sich auch nicht durch den ihm drohenden Tod austreiben ließ.

Der Kaiser in Rom ist umringt von mächtigen Senatoren, von reichen Kaufleuten und kriegsgeübten Offizieren. Sklaven stehen ihm zu Diensten. Er sitzt auf einem Thron. Marmor, Gold und Edelsteine verbreiten den Glanz von Macht und Herrlichkeit. Jesus ist umringt von Kindern und armen Leuten, von einfachen Fischern, auch von angesehenen Frauen. Er selbst macht sich zum Sklaven und wendet sich dem Taubstummen zu und dem Gelähmten, der öffentlich bekannten Sünderin und dem miesen Zöllner. Er sitzt nicht auf einem Thron, sondern sagt von sich selbst: »Die Füchse haben ihre Höhlen und die Vögel ihre Nester; der Menschensohn aber hat keinen Ort, wo er sein Haupt hinlegen kann« (Mt 8,20). Er liegt in einer Krippe aus Holz und stirbt am Kreuz. So bedeutet das Bekenntnis zu Jesus, daß ich als Christ den Glauben an Gott niemals von der Lebenspraxis Jesu lösen kann. Deshalb leugne ich den Gott Jesu, wenn ich ihn zu einem Kaisergott mache; ich leugne ihn aber ebenso, wenn ich ihn aus meinen eigenen Lebenszusammenhängen hinaus in den fernen Himmel verbanne. Die Krippe, in die der neugeborene Jesus gelegt wird, will uns seine menschliche Nähe deutlich machen. Gott ist im Leben Jesu faßbar geworden. Er ist nur noch im Nachvollzug der Praxis Jesu zu haben. Paulus verbindet in seinem Brief an die Philipper die oben zitierten Aussagen über Jesus mit einer konkreten Handlungsanweisung. Er will in ihnen nicht bloß etwas über Jesus aussagen. Er will mit Ihnen seine Leserinnen und Leser zu einer konkreten Praxis anleiten: »Seid untereinander so gesinnt, wie es dem Leben in Christus Jesus entspricht« (Phil 2,5). So sagt uns die Krippe ein doppeltes über Gott: Gott läßt sich nicht in den fernen Himmel abschieben. Er ist mitten in dieser Welt gegenwärtig. Wie und wo aber seine Gegenwart zu entdecken ist, das zeigt uns das konkrete Leben Jesu, das in einer Krippe beginnt und am Kreuz sein Ende findet.

Diese Sichtweise läßt sich auch umkehren. Ich finde Gott nicht, wenn ich in die Himmel blicke und mich aus den Herausforderungen meines Lebens verabschiede. Ich finde ihn, wo ich mich mir und meinem Leben stelle; dort wo ich ausharre, wenn das Leben von Menschen bedroht wird; dort wo ich mich engagieren, wenn Menschen um ihre Rechte auf ihr eigenes Leben gebracht werden; dort wo ich Not wahrnehme und vor ihr nicht davonfliehe. Vielleicht ist uns Gott deshalb so fern, weil wir uns so wenig auf das einlassen, was uns das Leben bringt in unserem Alltag und seinen Geschichten.

3.2 Ich glaube an Jesus Christus, der mich im Kreuz in der Erde verwurzelt

»Damals als mein Freund krank war, hat der Glaube nicht geholfen, deshalb kann ich nicht mehr glauben.« So höre ich oft. Und wie ein ewiger Kehrvers tönt es in mir: »Seit zweitausend Jahren nun schon glauben Christinnen und Christen, aber die Welt ist kein bißchen besser geworden. Menschen leiden und sterben, Völker werden unterdrückt, und grausame Kriege zerstören ungezählte Leben und zerfetzen die Hoffnung auf eine bessere Welt. Der Glaube nützt nichts. Er trägt kein Veränderungspotential in sich. Er vertröstet höchstens auf ein Jenseits. Aber was soll ein himmlisches Jenseits? Uns ist es aufgegeben, hier und heute zu leben.«

Tatsächlich steht im Zentrum des christlichen Glaubens der Glaube an die Auferweckung Jesu und die Auferweckung der Toten, ein Ereignis, das diese Welt sprengt und in eine andere Wirklichkeit verweist. Paulus stellt in knappen Worten fest: »Ist aber Christus nicht auferweckt worden, dann ist unsere Verkündigung nichts, und nichts ist euer Glaube« (1 Kor 15,14). Jesus ist mit seiner Botschaft vom Reich Gottes, von einer neuen Welt nicht angekommen. Er ist ans Kreuz geschlagen worden, und seine Vision, die er in seiner Heimatstadt mit einem Zitat aus dem Profeten Jesaja verdeutlicht hat, ist mit ihm zuschanden gegangen. Damals hatte er so zitiert: »Der Geist des Herrn ruht auf mir; denn er hat mich gesalbt. Er hat mich gesandt, um den Armen die Heilsbotschaft zu bringen, um den Gefangenen die Befreiung und den Blinden das Augenlicht zu verkünden, um die Zerschlagenen in Freiheit zu setzen und ein Gnadenjahr des Herrn auszurufen.« Und dann hatte er ganz kurz und klar gesprochen: »Heute hat sich das Schriftwort, das ihr gehört habt, erfüllt« (Lk 4,18.19.21). Damals fand seine Rede Beifall, wie Lukas berichtet. Allerdings formierte sich auch der Widerspruch: Man trieb Jesus nach dieser Predigt, so erzählt Lukas, aus der Stadt hinaus, zerrte ihn auf einen Berg und wollte ihn hinabstürzen. Auf dem Hügel von Golgotha vor den Toren Jerusalems wird dann vollzogen, was sich damals schon angebahnt hat. Von allen verlassen, stirbt Jesus einsam am Schandpfahl.

Schon damals hat sich seine Vision als Illusion erwiesen. Seine Freunde sind nach Hause zurückgekehrt, um ihre Hoffnungen betrogen, um eine Illusion reicher. Seine Freundinnen sind unter dem Kreuz geblieben, voll Trauer über diese Katastrophe.

Und da setzt unerwartet etwas Neues ein. Seine Freundinnen und Freunde erfahren, daß Jesus lebt, daß das Kreuz nicht das letzte Wort über ihn und seine Vision vom Reich Gottes ist. Sie sprechen davon, daß ihnen der auferweckte Jesus erschienen ist. Paulus betont immer wieder, wenn er Zeugnis vom auferweckten Christus ablegt: »Wir dagegen verkündigen Christus als Gekreuzigten: für Juden ein Anstoß, für Heiden eine Torheit, für die Berufenen aber, Juden wie Griechen, Christus; Gottes Kraft und Gottes Weisheit« (1 Kor 1,23.24). Natürlich ist Jesus am Kreuz gestorben, mag man einwenden. Aber das Kreuz gehört doch der Vergangenheit an. Es ist doch in der Auferstehung überwunden. Den Auferstandenen müssen wir verkünden, der allen Tod besiegt hat. Und tatsächlich: Paulus spricht immer wieder vom Auferstandenen, der die Menschen untrennbar mit der Liebe Gottes verbunden hat (Röm 8), so daß ihn weder

Gegenwärtiges noch Zukünftiges von ihr trennen kann. Dennoch hält Paulus daran fest, daß der Auferstandene derselbe ist wie der Gekreuzigte. Die Bilder in der Kunst nehmen diese Grundwahrheit auf, wenn sie den Auferstandenen mit den Wundmalen darstellen.

Warum ist diese Identität von Gekreuzigtem und Auferwecktem denn so wichtig, werden Sie fragen. Weil darin das Besondere des christlichen Glaubens an die Erlösung sichtbar wird. Erlösung wird meistens verstanden als Befreiung aus Sorgen, Nöten, Ängsten und Sehnsüchten, die den Menschen gefangen halten und am Leben hindern. Im Glauben wird Befreiung davon erwartet; Befreiung in eine andere Welt, in der das Leiden, die Not und die Angst nicht mehr vorkommen. Es gibt Christen, die reden davon, daß sie sich in einer genau datierbaren Situation Jesus übergeben haben. Seither leben sie erlöst und daher frei von aller Not. Das Leben stellt keine quälenden Probleme mehr. Sie sind gleichsam in eine andere Welt hineingeholt worden, obwohl sie noch in dieser Welt leben. Andere stellen für sich fest, daß eben dies nicht geschehen ist. Die Welt und das eigene Leben bleiben geprägt von Leiden und Tod. Die Welt ist keinen Deut besser geworden. Der christliche Glaube hat nichts verändert. Und damit hat er seine Unbrauchbarkeit erwiesen. Beide Reaktionen, so unterschieden sie voneinander sind, suchen den Abschied von dieser Welt, in der Not und Leid beklemmende Realitäten sind. Die einen streichen gleichsam das Kreuz, den Zweifel, die Unsicherheit und Anfechtung aus dem Leben, um ihren Glauben zu retten. Die andern verzichten auf den Glauben, weil sie sich nicht aus den Widersprüchen dieses Lebens fortstehlen wollen. Beide suchen eine widerspruchsfreie Weltsicht. Gerade das aber verspricht der christliche Glaube nicht. Er will nicht aus diesem Leben befreien, sondern er will dieses Leben befreien. Das Kreuz dieses Lebens gehört zum neuen befreiten Leben gleichsam dazu. In der christlichen Erlösungsvorstellung wird das Leid nicht vergessen, sondern verwandelt. Es wird als verwandeltes mit hineingenommen in das neue Leben, das uns geschenkt wird.

Denken Sie nun bloß nicht, das sei ein Spiel mit Worten! Der Unterschied ist grundsätzlich und wirkt sich konkret im Leben des Glaubenden aus. Dietrich Bonhoeffer hat das in seinem Werk »Widerstand und Ergebung« eindrücklich formuliert: »Der Christ hat nicht wie die Gläubigen der Erlösungsmythen aus den irdischen Aufgaben und Schwierigkeiten immer noch eine letzte Ausflucht ins Ewige, sondern er muß das irdische Leben wie Christus (›Mein Gott, warum hast Du mich verlassen?‹) ganz auskosten, und nur indem er das tut, ist der Gekreuzigte und Auferstandene bei ihm und ist er mit Christus gekreuzigt und auferstanden.«

Der christliche Glaube befreit also nicht aus der Not dieses Lebens, indem er mich aus ihr gleichsam herausreißt, sondern nur dadurch, daß er mir hilft, in dieser Not nicht unterzugehen. Gott ist da also nicht wie der berühmte Gott aus der Maschine, der »deus ex machina«, der im griechischen Theater den Helden aus auswegloser Situation vom Himmel her befreit. Der Gott der Christen holt nicht einfach aus dem Elend heraus in den ewigen Himmel, sondern er begleitet den Menschen in seiner Not, er hilft ihm, sie durchzustehen und sie so von innen heraus zu überwinden. Er läßt die Not nicht unter sich zurück, wie der Held, der in den Armen des »deus ex machina« ruht, sondern er nimmt sie verwandelt mit sich. Damit wird aber die Welt mit ihren Nöten tatsächlich erlöst und verwandelt, und nicht einfach ihrem Schicksal überlassen. Denn der vom »deus ex machina« Erlöste läßt ja diese Welt hinter sich zurück und wird in eine andere Welt gerettet. Die Wirklichkeit zerfällt in zwei Teile, in den einen ewig unerlösten und in den des erlösten Lebens. Der ewig unerlöste Teil des Lebens wird dann zum unwirklichen gemacht, zu dem, den es zu verlassen gilt. Der christliche Glaube dagegen bekennt sich zu einer Wirklichkeit, in der es eben auch Leid und Not gibt. In Jesus Christus aber erfährt der Mensch, daß Gott verwandelnd in dieser Wirklichkeit gegenwärtig geworden ist. Im Bekenntnis zum gekreuzigten Auferstandenen findet er das Fundament, das es ihm möglich macht, sich der Not zu stellen, sie bis zum letzten zu ertragen, weil er um Christi willen darauf hoffen darf, daß sie verwandelt wird.

Allerdings ist diese Hoffnung nicht billig zu haben. An ihr gilt es festzuhalten, auch in der Not, auch dort wo sich zweitausend Jahre lang nichts zu ändern scheint. Paulus weiß das und nennt deshalb den Glauben an den Gekreuzigten anstößig für die Juden und dumm für die Heiden. Es ist nicht leicht zu verstehen, daß die Stärke Gottes die Zeichen der Ohnmacht an sich trägt. Dem aber, dem der Glaube angesichts den nichterfüllten Gebeten am Krankenbett seines Freundes verlorenging, was bringen ihm diese Gedanken? Sie stellen ihm zunächst eine Frage: Hast Du es am Krankenbett bis zum Ende ausgehalten? Und sie geben ihm einen Hinweis: Dort wo Du in der Not drangeblieben bist – nicht einfach triumphierend, durchaus auch zweifelnd und verzweifelnd –, bist du da nicht dem auferstandenen Christus mit seinen Wundmalen begegnet? Er wird also eingeladen, sich nochmals mit der damaligen Not auseinanderzusetzen. Denn wo ein Mensch sich ganz auf den andern einläßt, wie das in der beschriebenen Situation gefordert ist, da spielt sich mit ihm in gewisser Weise schon ab, was Glauben meint. Dazu noch einmal Dietrich Bonhoeffer: »Was ist Gott? Nicht zuerst ein allgemeiner Gottesglaube an Gottes Allmacht etc. Das ist keine echte Gotteserfahrung, sondern ein Stück prolongierte Welt. Begegnung mit Jesus Christus. Erfahrung, daß hier eine Umkehrung alles menschlichen Seins gegeben ist, darin, daß Jesus nur ›für andere da ist‹. Das ›Für-andere-da-sein‹ Jesu ist die Transzendenzerfahrung! Aus der Freiheit von sich selbst, aus dem ›Für-andere-da-sein‹ bis zum Tod entspringt erst die Allmacht, Allwissenheit, Allgegenwart. Glaube ist das Teilnehmen an diesem Sein Jesu (Menschwerdung, Kreuz, Auferstehung). Unser Verhältnis zu Gott ist kein ›religiöses‹ zu einem denkbar höchsten, mächtigsten, besten Wesen – dies ist keine echte Transzendenz –, sondern unser Verhältnis zu Gott ist ein neues Leben im ›Dasein-für-andere‹, in der Teilnahme am Sein Jesu. Nicht die unendlichen, unerreichbaren Aufgaben, sondern der jeweils gegebene erreichbare Nächste ist das Transzendente. Gott in Menschengestalt, nicht wie bei orientalischen Religionen in Tiergestalt als das Ungeheure, Chaotische, Ferne, Schauerliche; aber auch nicht in den Begriffsgestalten des Absoluten, Metaphysischen, Unendlichen etc., aber auch nicht die griechischen Gott-Mensch-Gestalten des ›Menschen an sich‹, sondern der ›Mensch für andere‹! Darum der Gekreuzigte. Der aus dem Transzendenten lebende Mensch« (D. Bonhoeffer; Widerstand und Ergebung. Briefe und Aufzeichnungen aus der Haft, hrsg. von Eberhart Bethge, München 1958, S. 259f).

So lädt mich das Bekenntnis zum Gekreuzigten ein, mich den Menschen in Not nicht zu entziehen. Die Bereitschaft, mich mit einem Menschen in Not auf den Weg zu machen, kann so zum Weg werden, auf dem mir aufgeht, daß der Glaube an den gekreuzigten Jesus Christus zu einem tragenden Grund für mein Leben werden kann. Dieser Satz erweist seine Wahrheit in der Solidarität mit den Gekreuzigten in meinem Leben.

3.3 Ich glaube an Jesus Christus, der mich in seiner Auferweckung aufrichtet

Warum sich mit der Frage um das Leben nach dem Tod beschäftigen? Das Leben findet jetzt statt, stellt jetzt seine Ansprüche und will im Heute bewältigt werden. Was da dem Leben nach dem Tod nachdenken und sich damit beschäftigen, wie ewiges Leben aussehen könnte? Kann der Auferweckungsglaube nicht aus dem Glaubensbekenntnis gestrichen werden?
Paulus sagt es kurz und bündig: »Ist aber Christus nicht auferweckt worden, dann ist unsere Verkündigung leer und euer Glaube sinnlos« (1 Kor 15,14). Christlicher Glaube ist offenbar notwendig Auferweckungsglaube. Was bekennen Christen aber, wenn sie beten: Am dritten Tag auferstanden von den Toten?

Eines gilt es gleich zu Beginn festzuhalten: Die Bibel enthält viele und verschiedenste Zeugnisse vom Glauben an den auferstandenen Christus, nirgends aber wird der Vorgang der Auferweckung selbst beschrieben. Ja, es ist auffällig, daß die Texte, in denen die Auferstehung genau beschrieben wird, wie etwa das sogenannte Petrusevangelium, nicht in den Kanon der Bibel aufgenommen wurden. Dagegen erzählen viele Texte von der Wirkung der Begegnung der Jünger mit dem Auferstandenen. Von dieser Wirkung also ist zu reden, wenn wir nach dem Inhalt des Auferstehungsglaubens fragen, und nicht in erster Linie nach dem, was mit Jesus Christus geschehen ist. Dies bleibt ein im Glauben verhülltes Geheimnis.

So fragen wir also zunächst nach dem, was der Begegnung der Jünger mit dem Auferweckten vorausgegangen ist. Alle Jünger waren vor dem Kreuz davongeflohen, an das Jesus, für den sie ja ihren bisherigen Alltag verlassen hatten, geschlagen wurde. Keiner hatte dieser Katastrophe am Ende des Lebens Jesu standgehalten. Alle waren sie davongelaufen, auf und davon. Und alle hatten sie ihre Hoffnungen, die die Begegnung mit Jesus in ihnen wachgerufen hatte, fahren gelassen. Vielleicht haben sie gedacht: »Zu schön, um wahr zu sein, was er gelebt und gepredigt hat! Die Welt ist anders. Wir sind einer argen Täuschung erlegen!« Die Jünger sind mit der Verhaftung und Verurteilung Jesu tatsächlich ins Nichts gestürzt. Wenig später aber treten die gleichen Jünger wie verwandelt auf. Sie brechen ihre Rückkehr in ihren alten Alltag ab und beginnen von Jesus und seinem Wirken zu erzählen. Nicht mehr Enttäuschung und Angst steht in ihrem Gesicht, sondern Begeisterung und Freude. Diese Verwandlung gründet in einer Erfahrung, die sie in verschiedenen Bildern darstellen. Sie reden davon, daß sie dem lebendigen Jesus begegnet sind. Sie bezeugen ihre Erfahrung, daß weder Kreuz noch Grab das letzte Wort über Jesus sind. Gott hat ihn vielmehr aus diesem Loch herausgeholt. Sein Leben und seine Predigt sind nicht vergebens gewesen – so dachten sie ja noch in den Stunden der Verhaftung und Kreuzigung ihres Meisters –, sein Leben und seine Predigt sind vielmehr von Gott bestätigt worden. Er ist auch im Angesicht des Todes zum zuverlässigen Fundament ihres Lebens geworden. Diese Veränderung der Jünger, diese andere Einstellung dem Leben gegenüber, ist der entscheidende Inhalt des Auferweckungsglaubens. Wichtig bleibt dabei festzuhalten, daß die Jünger sich diese neue Einstellung zum Leben nicht selber zurechtgelegt haben, sondern daß sie ihnen in der Begegnung mit dem auferweckten Christus geschenkt worden ist.

Das Kreuz in seinen vielfältigen Formen prägt immer wieder unsere Lebenserfahrung. Negatives, Leben Behinderndes und Verhinderndes begegnet uns fast jeden Tag. Diese Erfahrung lähmt. »Ist nicht Kriegsdienst des Menschen Leben auf der Erde? Sind nicht seine Tage die eines Taglöhners?... So wurden Monde voll Enttäuschung mein Erbe, und Nächte voller Mühsal teilte man mir zu«, klagt Ijob im Blick auf sein Leben (Ijob 7,1.3). In solchen Situationen verfestigt sich der Eindruck, daß im Leben das Glück wenig Raum hat, daß das Leben im Grunde sinnlos und leer ist. Diese Erfahrung entzieht einem alle Lebenskraft. Man beginnt dahinzuvegetieren. Man lebt halt, weil man lebt. Aber man weiß eigentlich nicht so recht, warum man lebt. Liebe lohnt sich nicht, weil sie immer wieder mißbraucht wird, denkt einer in dieser Situation vielleicht. Und ein anderer sagt sich: Genießen wir doch die Oberfläche des Lebens, denn morgen sind wir tot! Langeweile und Depressionen sind die eine Reaktion auf diese Erfahrung. Die andere ist der Sprung ins rein vordergründige Vergnügen, der Sprung in den Strom der Konsumgenüsse. In beiden Fällen aber traut man der Liebe nichts mehr zu. Dafür hat man ja auch zahllose Argumente. Dazu kann man unzählige aus dem eigenen Alltagserleben geschöpfte Geschichten und Alltagserfahrungen beibringen, die dieses grundlegende Mißtrauen begründen. Liebe zahlt sich nicht aus. Die Kreuze in unserem Leben beweisen das immer wieder neu.

Eben dieser Haltung widerspricht der Auferstehungsglaube. Daß das Kreuz nicht das letzte Wort über das Leben ist: das haben die Jünger in der Begegnung mit dem Auferweckten erfahren. Diese Erfahrung hat sie so verändert, daß sie anders zu leben beginnen. Jetzt können sie für Leben und Predigt Jesu einstehen, auch wenn das ihnen das eigene Leben kostet. Sie haben keine Angst mehr vor lebensbedrohenden und -zerstörenden Kräften. Sie können gegen die vordergründige Alltagserfahrung auf das wirkliche Leben setzen. Franz-Josef Nocke hat einmal eindrücklich formuliert, was das konkret bedeutet: »Wer sich hingibt, wer sich hingebend weggibt, wer an seiner Liebe stirbt, geht in seinem Tod nicht unter, sondern kommt gerade darin zur Erfüllung seiner Liebe, zu denen, die er liebt, und zu sich selbst.« Liebe kann gewagt werden, auch wenn sie wesentlich Sterben meint. Ich kann dem Lebensbehindernden Widerstand leisten, auch wenn das etwas kostet. Der Auferstehungsglaube hat demzufolge wesentlich damit zu tun, daß Hoffnung aufblühen kann, wo jeder Grund zur Hoffnung fehlt; daß Vertrauen wachsen kann, wo Mißtrauen gesät wird; daß Liebe auch mitten im Haß möglich wird. Nicht aus Verwegenheit und Selbstüberschätzung, sondern im Vertrauen auf den auferweckten Christus kann so Leben gewagt werden, wo es zerbrochen scheint. Man müßte es in den Situationen versuchen, wo man nicht mehr mag, wo das Schicksal zugeschlagen hat oder wo die Pflicht des Alltags drückt.

Der Auferweckungsglaube ist auch damals nicht urplötzlich über die Jüngerinnen und Jünger hereingebrochen. Er hat sich in einem Prozeß, in ihrer Auseinandersetzung mit ihrer Kreuzeserfahrung, eingestellt. Enttäuscht und entmutigt fliehen zum Beispiel die beiden Emmausjünger aus Jerusalem. Auf ihrer Flucht erzählen sie einander aber von dem, was sie quält. Und da hinein deutet ein ihnen unbekannter Mitwanderer ihre Erfahrungen aus der Bibel, und mitten auf diesem gemeinsamen Wegstück bricht er ihnen das Brot. Und erst da erkennen sie, wer mit ihnen den Weg der Enttäuschung und ihrer Verarbeitung gegangen ist. Der unbekannte Mitwanderer ist der auferweckte Jesus selbst.

Nicht um Fragen über ein Leben nach dem Tod geht es also zunächst im Bekenntnis zum Auferweckten, sondern um die Frage, was mich in diesem Leben trägt und hält; was mich aufrichten kann, wenn ich mich bedroht und um mein Leben betrogen erfahre. Und nicht um eine rasche Antwort darauf geht es, sondern um den Hinweis auf einen Weg, auf den ich mich einlassen könnte. Und vielleicht auch um dies: nach der Tiefendimension der Erfahrungen zu fragen, die mir aufhelfen im Leben. Vielleicht ist mir in meinem Freund, der mich damals getröstet hat, der Auferweckte begegnet. Vielleicht ist er mit mir unterwegs gewesen, als ich mich auf der langen Bergwanderung nach jener herben Enttäuschung wieder gefunden habe. Vielleicht ist er sogar jetzt mit mir, wo ich mich so schlecht und recht durch ein perspektivenloses Leben schleppe und keinen Hoffnungshorizont entdecke, bloß noch schwach auf ihn hoffe.

4. Heiliger Geist

4.1 Ich glaube an den Geist, der allem voraus ist

Geistlos und geistverlassen erlebe ich mich bisweilen. Das Leben wird zäh, und sein Lauf scheint zu stocken. Alle Begeisterung, die mich packen kann, bricht in sich zusammen. Wo kann ich da neue Quellen für meinen Alltag erschließen? Wo ist der Geist verborgen, der mir aufhelfen kann?

In den Evangelien verheißt Jesus in einer ähnlichen Situation den Geist, der als Tröster kommen wird: am Ende seines Lebens, sein Tod zeichnet sich bereits ab und das Ende der Bewegung, die er mit seiner Predigt auslösen wollte. Da versucht er nicht, alles festzuhalten, was gewesen ist, alles Wichtige zusammenzufassen und seinen Freunden ein umfassendes und abschließendes Werk über seine Lehre zu hinterlassen. Er wollte ihnen offenbar nicht ein Buch übergeben, das sich jederzeit an der rechten Stelle aufschlagen läßt und so für jede Situation seine Lösung bereit hält. Wer sich genauer mit dem Neuen Testament beschäftigt, wird erstaunt feststellen, wieviele wichtige Fragen Jesus unbeantwortet und offen läßt. Er selbst hat kein einziges Wort aufgeschrieben: Nicht einmal ein Testament, das seinen letzten Willen festhielte, hat er verfaßt. Fahrlässig für einen, der eine neue religiöse Bewegung auslösen will.

An die Stelle des fehlenden selbstgeschriebenen Buches treten in der Geschichte der ersten Christen Zeuginnen und Zeugen, die von Jesus erzählen und so sein Testament verkünden. Seine Hinterlassenschaft ist kein Buch, sondern die Schar seiner Jüngerinnen und Jünger. Es geht ihm nicht zuerst darum, daß seine Worte weitergegeben werden. Offenbar liegt ihm mehr an seiner Lebenspraxis und an der Grundhaltung, aus der heraus er sein Leben gestaltet hat. Paulus hat darum gewußt. Er überliefert in seinen vielen Briefen kaum Jesusworte. Die Treue zu Jesus Christus wird für ihn auf andere Weise garantiert. Testament Jesu ist nicht eine Sammlung seiner Worte, sondern die Gemeinde der Gläubigen selbst. Im zweiten Korintherbrief vergleicht Paulus die Gemeinde der Gläubigen deshalb mit einem Brief: »Unverkennbar seid ihr ein Brief Christi, ausgefertigt durch unseren Dienst, geschrieben nicht mit Tinte, sondern mit dem Geist des lebendigen Gottes, nicht auf Tafeln aus Stein, sondern – wie auf Tafeln – in Herzen von Fleisch« (2 Kor 3,3). Dieser Brief wird nun aber nicht von irgend jemandem geschrieben. Es ist der Geist des lebendigen Gottes selbst, der ihn schreibt. So läßt sich sagen: Statt eines festgeschriebenen und endgültig formulierten Testamentes hat uns Jesus den Heiligen Geist geschenkt. Christen berufen sich in ihrem Leben nicht auf ein Buch, das wie ein Buch der Weisheit alle wichtigen Lebensrezepte enthält. Sie vertrauen vielmehr darauf, daß der Geist Gottes unter ihnen am Werk ist. Die Hoffnung auf das Wiedererwachen des Geistes liegt also nicht zuerst im Blick zurück auf die geisterfüllte Zeit der Gegenwart Jesu, sondern im Vertrauen darauf, daß sein Geist gleichsam von vorn ihnen entgegenkommen wird.

Im Johannesevangelium wird dieser Geist Beistand und Helfer der Glaubenden genannt: »Der Beistand aber, der heilige Geist, den der Vater in meinem Namen senden wird, er wird euch alles lehren und euch an alles erinnern, was ich euch gesagt habe« (Joh 14,26). Dieser Geist Gottes wird zum Fundament jedes Glaubens. Der Glaube entsteht und lebt nicht aus der Überlieferung festgeschriebener Worte, sondern aus dem lebendigen Wirken des Geistes. Paulus formuliert es klar: »Und keiner kann sagen: Jesus ist der Herr!, wenn er nicht aus dem Heiligen Geist redet« (1 Kor 12,3b). Im Heiligen Geist ist somit gleichsam Jesus selbst heute gegenwärtig. Sören Kierkegaard, ein dänischer Theologe aus dem letzten Jahrhundert, hat das in seiner »Einübung im Christentum« so formuliert: »Solange es einen Glaubenden gibt, muß dieser – denn sonst wäre er ja nicht gläubig geworden – immer ebenso gleichzeitig mit Jesu Gegenwart gewesen sein und bleiben wie jene Zeitgenossen Jesu; diese Gleichzeitigkeit ist die Voraussetzung des Glaubens, genauer: sie ist der Glaube selbst.« Der Geist schenkt uns die lebendige Gegenwart Jesu Christi, die das Fundament unseres Glaubens ist. Der Geist und nicht der Buchstabe trägt unseren Glauben.

In der Geschichte der Kirche läßt sich eine fragwürdige Tendenz ausmachen, diesen Geist immer zuerst und fast ausschließlich als den Geist des Lehramtes festzumachen, der über diese Instanz den gewöhnlichen Gläubigen vermittelt wird. Der Heilige Geist aber schenkt sich jedem Gläubigen unmittelbar. Im Bild der Sohnschaft des Gläubigen wird das von Paulus eindrücklich sichtbar gemacht: »Weil ihr aber Söhne seid, sandte Gott den Geist seines Sohnes in unsere Herzen, den Geist, der ruft: Abba, Vater. Daher bist du nicht mehr Sklave, sondern Sohn; bist du aber Sohn, dann auch Erbe, Erbe durch Gott« (Gal 4,6.7). In diesen Sätzen und in der damit verbundenen Lehre von den vielen

Geistesgaben wird deutlich, welche Würde das Wirken des Heiligen Geistes dem einzelnen Gläubigen gibt. Die Rede von Gott dem Vater will zeigen, daß Gott die Welt im ganzen trägt und hält, weil er sie in Liebe erschaffen hat. Die Rede von Gott dem Sohn will uns an die bleibende Bedeutung von Leben, Leiden, Sterben und Auferwecktwerden Jesu erinnern. Die Rede vom Heiligen Geist aber will uns dafür sensibilisieren, die lebendige Gegenwart dieses einen Gottes auch heute in unserem Leben zu entdecken.

Oft wird der Heilige Geist als unfaßbar, fast als gespensterhaft unwirklich erlebt. Auf die Vorstellung von Gott dem Vater und auch von Gott dem Sohn kann man sich noch rasch einen Reim machen, aber dieser Heilige Geist…? Dabei ist der Heilige Geist die ganz konkrete Gegenwart Gottes in meinem Leben; zu entdecken dort, wo ich mich auf ihn einlasse. Im Grunde viel näher als Gott der Vater und auch als Gott der Sohn. Die Frucht des Geistes kann Paulus präzis benennen: »Liebe, Freude, Langmut, Freundlichkeit, Güte, Treue, Sanftmut und Selbstbeherrschung« (Gal 5,22.23). Wo diese Früchte in meinem Leben wachsen, da bin ich auf der Spur des Heiligen Geistes. So ist, um eine Formulierung Leonardo Boffs aufzunehmen, der Geist immer schon vor der Kirche bei den Menschen. »Missionare kommen immer zu spät«, hat er geschrieben, »vor ihnen ist der dreifaltige Gott schon da. Der dreifaltige Gott offenbart sich nämlich stets in Bewußtsein und Gewissen, in Geschichte und Gesellschaft, in Fakten und Fährten der Völker« (L. Boff, Gott kommt früher als der Missionar, Düsseldorf 1991, S. 94).

4.2 Ich glaube an Gott, den erfahrbaren

Vom Heiligen Geist wissen Christen meist wenig zu erzählen. Er bleibt ihnen eigenartig fremd. »Er ist eine Art Gespenst«, erzählen die Kinder manchmal im Religionsunterricht. Ein Blick in biblische Texte zeigt aber rasch, daß mit ihm konkrete Lebenswirklichkeit gemeint ist. Im Römerbrief etwa erklärt uns Paulus, daß der Heilige Geist derjenige ist, der uns zu Söhnen und Töchtern Gottes macht (Röm 8,15).

Wie wird Gott konkret erfahrbar? Das ist eine Frage, die viele von uns beschäftigt. Viele stoßen sich daran, daß Gott so unerfahrbar fern ist und in ihrem Alltag gar nicht vorkommt. Wäre Gott handgreiflicher gegenwärtig, wäre sein Wirken wirklich erfahrbar und nicht bloß Gegenstand frommer Worte, vieles wäre einfacher und besser zu verstehen. Genau auf diese Frage nach der Erfahrbarkeit Gottes will die Rede vom Heiligen Geist Antwort geben.

Christ wird einer, so sagt man, wenn er sich Gottes Ruf öffnet. Und zu Recht fragt da manch einer zurück: Ja, aber wo höre ich denn den Ruf Gottes? Genau in diesem Zusammenhang redet Paulus vom Heiligen Geist: »Der Geist selbst bezeugt unserem Geist, daß wir Kinder Gottes sind« (Röm 8,16). In uns selbst also können wir diesen Ruf Gottes vernehmen. Heiliger Geist ist gleichsam das Vernehmen Gottes in uns selbst. Der Heilige Geist ist, um es in modernen Worten zu sagen, der Kommunikator Gottes. Er ist die Zusage, daß es Gott nicht bloß gibt, sondern daß er auch vernehmbar vorkommt, vernehmbar in unserem eigenen Leben.

Im gleichen Text aus dem Römerbrief gibt uns Paulus einen zweiten Hinweis. Er spricht von der Schöpfung, die bis zum heutigen Tag seufzt und in Geburtswehen liegt. Das ist eine Erfahrung, die uns sehr nahe ist: stoßen wir doch immer wieder an Grenzen, machen wir doch immer wieder die Erfahrung, daß die Dinge nicht so sind, wie sie sein könnten. In der Welt steckt eine tiefe Sehnsucht, der wir sehr oft in ihrer negativen Form begegnen, nämlich im Leiden an einem Mangel, in der schmerzhaften Wahrnehmung, daß etwas fehlt, was eigentlich dasein müßte. Und genau dort, wo wir deswegen seufzen und klagen, begegnen wir dem Heiligen Geist. »So nimmt sich auch der Geist unserer Schwachheit an. Denn wir wissen nicht, wofür wir in rechter Weise beten sollen; der Geist selbst tritt jedoch für uns ein mit unaussprechlichem Seufzen« (Röm 8,26). Geist Gottes wird also erfahrbar, wo wir unsere Unzufriedenheit wahrnehmen, wo wir uns in unserer Haut nicht wohlfühlen, weil sie uns zu eng ist.

Freiheit und Mündigkeit ist deshalb das dritte Stichwort, mit dem Paulus das Wirken des Heiligen Geistes umschreibt. »Denn alle, die sich vom Geist Gottes führen lassen, sind Söhne und Töchter Gottes. Denn ihr habt nicht den Geist empfangen, der euch wieder zu Knechten macht, so daß ihr euch fürchten müßtet, sondern ihr habt den Geist empfangen, der euch zu Söhnen und Töchtern macht, den Geist, in dem wir rufen: Abba, Vater« (Röm 8,14.15). Heiliger Geist ist so gleichsam die Energie, welche unsere Beziehung zu Gott prägt und gestaltet. Sie ist nicht mehr von Angst und Schrecken geprägt. Sie wird vielmehr zu einer Beziehung, die sich mit dem Verhältnis eines Sohnes zu seinem Vater vergleichen läßt. Er holt Gott in unsere Nähe. Und diese Nähe meint Freiheit und Mündigkeit.

Diesen Gedanken verbindet Paulus aber sofort mit dem Hinweis auf Jesus Christus. Wer Erbe Gottes ist, der ist auch Miterbe Christi. Und das heißt: Er wird den gleichen Weg gehen, den auch Jesus Christus gegangen ist – den Weg, der durch das Leiden zur Herrlichkeit führt (Röm 8,17). Die Freiheit und Mündigkeit, die der Heilige Geist verheißt, ist also keine schwärmerische, dem Boden der Realität weit enthobene Wirklichkeit. Sie ist die Freiheit, die uns Jesus Christus vorgelebt hat, jenes konkrete Verhalten Jesu den Menschen seiner Zeit gegenüber; jene Bereitschaft, die Konflikte auszutragen, die er mit seinem Reden und Tun ausgelöst hat. Dem Heiligen Geist begegnen wir also, wenn wir einerseits die Spannungen annehmen, die spürbar werden, wenn wir uns unserem eigenen Leben aussetzen und die Sehnsüchte in uns wahrnehmen. Wirklich erfahrbar wird er aber erst, wenn wir uns andererseits in dieser Spannung an der Lebenspraxis Jesu orientieren.

Und damit ist auch ein viertes sichtbar geworden. Heiliger Geist bedeutet auch, in Spannung zu leben, in Hoffnung und Erwartung: in jener Spannung, in der auch Jesus Christus lebte. Er lebte aus der doppelten Erfahrung, daß Gottes Reich schon gegenwärtig ist, aber zugleich auch aus der Erfahrung der Abwesenheit dieses Reiches und aus der Hoffnung, daß es einmal endgültig errichtet werde. In dieser Spannung von Nähe und Ferne Gottes gestaltete sich das Leben Jesu. Im Schrei Jesu am Kreuz: »Mein Gott, mein Gott, warum hast Du mich verlassen?« wird diese Spannung des Lebens Jesu dramatisch zusammengefaßt. In diesem Gebetsschrei hat sich Jesus in der Erfahrung der Abwesenheit Gottes ganz in die Arme Gottes geworfen. Darin hält er die Spannung zwischen der aktuellen Erfahrung der Gottferne und seiner Hoffnung auf Gott aufrecht. Damit wird deutlich, daß der Heilige Geist keine Sache für Hallelujachristen ist. Er führt mitten in die Spannungen und Widersprüche des Lebens hinein. Und nur durch sie hindurch führt er uns zur Herrlichkeit der Töchter und Söhne Gottes.

So wird gerade das Aufrechterhalten unserer Ausgangsfrage zum Ort, an dem das Wirken des Heiligen Geistes erfahrbar werden kann. Nicht zuerst der, der einfach mit dem Wirken des Geistes rechnet, wird dieses spüren, sondern der, der schmerzhaft die Abwesenheit des Geistes erfährt. Nicht der Fromme also, der überall schon Gottes Wirken wahrnimmt, sondern der, der an der Abwesenheit von Sinn und Erfüllung leidet, öffnet sich für das Wirken dieses Geistes. Wer ihn erfährt, wird also nicht einfach beruhigt. Er erlebt vielmehr eine Unruhe in sich selbst, er erfährt die Spannung, die in unserer Welt steckt, die nicht so ist, wie sie sein könnte. Er erfährt, daß sich diese Spannung aushalten läßt. Und er erlebt, wie aus dieser Haltung neue Energie fließen kann, die hilft, sich mit dieser Welt nicht fraglos abzufinden. Heiliger Geist ist so ein Widerstandsgeist, der sich nicht in die Verhältnisse, wie sie nun einmal sind, hineinresigniert. Wer an diese Welt, wie sie sich ihm präsentiert, noch Fragen zu richten hat, der lebt bereits im Spannungsfeld des Heiligen Geistes.

4.3 Ich glaube an den Geist, der uns befreit

Freiheit: Welch gewaltiges Wort, oft gebraucht und ebenso oft mißbraucht. »Was ist schon Freiheit?« wird manch einer fragen in den Zwängen seines Alltags. »Ein schöner Traum«, ist die Antwort dessen, der sich in den Fallen einer Beziehung verstrickt hat. »Ein Wort für Sonntagsreden«, der Seufzer dessen, der weiß, wie oft ökonomische Zwänge das Handeln bestimmen. »Eine nie erfüllbare Sehnsucht«, die Bilanz dessen, der in Geschichtsbüchern gelesen hat. Und da redet die Bibel davon, daß Jesus Christus uns frei macht! Was soll denn das?

»Wenn ihr in meinem Wort bleibt, seid ihr wirklich meine Jünger. Ihr werdet die Wahrheit erkennen, und die Wahrheit wird euch frei machen... Wer dagegen die Sünde tut, ist Knecht der Sünde. Der Knecht aber bleibt nicht für immer im Haus; nur der Sohn bleibt für immer im Haus. Wenn euch also der Sohn frei macht, dann seid ihr in Wahrheit frei.« So sagt Jesus zu seinen Jüngern im Johannesevangelium (Joh 8,31.32.34–36). Was meinen diese Worte konkret für unser alltägliches Leben? Im zitierten Text wird die Freiheit mit der Beziehung zu Jesus Christus in eins gesetzt. Frei ist, wer ihm nachfolgt. Unfrei ist der, wer in Sünde lebt. Denn die Sünde knechtet. Johannes braucht ein deutliches Bild: Wer Knecht ist, der bleibt nicht immer im Haus. Er wird irgendwann hinausgeworfen. Der Sohn aber bleibt für immer im Haus. Sünde wird mit Abhängigkeit in Beziehung gebracht. Wer in der Sünde lebt, findet keine bleibende Heimat. Er lebt in einer Welt, die ihm nur scheinbar Sicherheit gibt. Wer in Sünde lebt, der ist nicht bei sich selbst, er lebt in einer Welt der Selbsttäuschung.

Wir Menschen tragen in uns einen starken Drang nach Sicherheit. Wir möchten wissen, woran wir sind; wir möchten klare Verhältnisse haben; wir möchten im eigenen Haus leben. Johannes behauptet nun, daß der Mensch, der in Jesu Wort bleibt, in einem Haus lebt, aus dem er nicht mehr entfernt wird. Wer die Sünde tut, der lebt in einem fremden Haus, aus dem er wie ein Knecht hinausgeworfen wird. Er lebt nicht bei sich selbst. Sünde meint so nicht irgendwelche kleine Vergehen oder Bosheiten. Sünde meint eine Grundentscheidung des Menschen. Von Sünde muß ich erst dort reden, wo es um die Frage geht, auf was ich mich letztlich verlasse, auf was ich mein Leben aufbaue. Und in der Perspektive dieser Frage wird einiges recht einleuchtend. Wenn ich mein Leben auf die Sicherheit des Besitzes baue, dann muß ich immer befürchten, diese Sicherheit zu verlieren. Wenn ich mein Leben auf meine eigene Leistung baue, dann bleibt es immer möglich, daß ein Schicksalsschlag mir meine Leistungsfähigkeit nimmt; und schon gelte ich nichts mehr.

Das Wort Jesu wird als wahres Fundament des Lebens diesen Sicherheiten entgegengestellt. Wer sich auf ihn verläßt, der findet in ein Haus, aus dem er nicht mehr vertrieben wird. Der findet eine Sicherheit, die er nicht verlieren kann. Und damit wird er frei. Er wird frei, weil er durchschaut, daß weder Besitz noch Anerkennung die Sicherheit geben, die sie zu versprechen scheinen. Er durchschaut das Leben.

Oft hört man, wenn von der christlichen Freiheit gesprochen wird, es ginge da nie um die Freiheit von irgendwelchen Dingen. Es ginge immer um die Freiheit für ein Engagement und einen Dienst. Und daran wird immer eine lange Litanei von Verpflichtungen, Geboten und Forderungen angefügt, mit der das »für« konkretisiert werden soll. Und dennoch ist christliche Freiheit zunächst und zuerst eine Befreiung von Zwängen und nicht die Einbindung in neue Zwänge und Gebote. Man kann das nicht genug betonen. Viele von uns erleben doch eher das Leben in Sünde als Freiheit – und das Leben nach den christlichen Geboten als Mühe und Zwang. Und vordergründig ist das auch so. Denn die Sünde verdeckt ihren wahren Charakter. Die Abhängigkeit, die sie erzeugt, erscheint nicht sofort, sondern erst nach und nach. Die christliche Freiheit liegt nicht einfach offen da, sie zeigt sich erst dem, der sich auf sie einläßt. Deshalb wird von einigen Theologen so viel Gewicht auf die Mystik, auf die Erfahrungen des Glaubens, gelegt. Glauben heißt, eine Erfahrung mit Gott machen; heißt, aus dieser Erfahrung leben und sich von ihr her sein Leben umgestalten lassen. Ein wichtiger Aspekt dieser Erfahrung ist die Freiheit: eine Freiheit, die mir nicht einfach eingeredet wird, sondern die ich in mir lebendig spüre. Dann ist der Abschied von der Sorge um Besitz und Anerkennung als lebenssicherndes Fundament nicht gefährlich, sondern spürbar mit Befreiungserfahrungen verbunden. Das Johannesevangelium spricht ja davon, daß es gelte, »im Wort zu bleiben«. Diese Formulierung macht deutlich, daß es da nicht um Wörter und Sätze geht, an denen wir uns festhalten sollen. Es geht um ein Wohnen im Wort, das im Text ja auch mit dem Wohnen in einem Haus verglichen wird. Das Wort meint also Lebensraum. Das Wort wird mit Jesus Christus identifiziert. In ihm selbst und nicht in Sätzen, die er oder später die Kirche formuliert hat, liegt also die Freiheit. Romano Guardini hat das in seiner Schrift »Das Wesen des Christentums« deutlich formuliert: »Es gibt keine abstrakte Bestimmung dieses Wesens. Es gibt keine Lehre, kein Grundgefüge sittlicher Werte, keine religiöse Haltung und keine Lebensordnung, die von der Person Jesu Christi abgelöst und von denen dann gesagt werden könnte, sie seien das Christliche. Das Christliche ist Er selbst; das, was durch Ihn zum Menschen gelangt, und das Verhältnis, das der Mensch durch Ihn zu Gott haben kann«.

Vielleicht sollten wir unerbittlicher mit uns sein: das Leben mehr herausfordern, bis diese Freiheit uns entgegenspringt. Nicht der, der brav und anständig leben will, sondern der, der die Sehnsucht nach einem zuverlässigen Fundament für sein Leben spürt und auslebt, wird der Freiheit, die das Christentum meint, auf die Spur kommen. Nicht der, der ein paar Glaubenswahrheiten übernimmt und sie ganz intensiv für wahr hält, wird diese Freiheit spüren. Nicht der, der sich rasch zufriedengibt, in den Tag hineinlebt und sein Schicksal eben blind annimmt, sondern der, der es wissen will und sein Leben kritisch anschaut, wird die Freiheit des Christenmenschen entdecken. Nicht umsonst ist das Leben vieler Heiliger ein langes Ringen und Suchen. Sie haben das Leben gleichsam gepackt, ausprobiert und sind so auf das Fundament des Glaubens gestoßen.

5. Gericht

5.1 Ich glaube an Gott, der kommen wird zu richten

Der Glaube an Gott den Richter ist in Verruf gekommen. Mit Ärger erinnert man sich der Gerichtspredigten, die Angst machten und vom strengen und strafenden Gott sprachen. Im Glaubensbekenntnis heißt es aber noch immer: »Ich glaube an Gott, der kommen wird zu richten die Lebenden und die Toten.« Müßte dieser Satz nicht endlich aus dem Credo gestrichen werden?

Zunächst ist eindeutig zugegeben, daß mit der Rede vom richtenden Gott, von Gericht, Himmel, Hölle und Fegfeuer Schindluder getrieben worden ist. Diese Glaubensaussagen wurden oft – ob wissentlich oder aus Unverstand, möge jeder selbst beurteilen – mißbraucht, um den Menschen Angst zu machen, um sie einzuschüchtern und gefügig zu machen. Manch einem wurde so das Rückgrat gekrümmt. Wütend hat vor ein paar Jahren einer von diesem Gott Abschied genommen und ihn als Gift bezeichnet, das sein ganzes Leben zersetzt hat: »Aber weißt du – hat er Gott entgegengeschrien –, was das Schlimmste ist, das sie mir über dich erzählt haben? Es ist die tückisch ausgestreute Überzeugung, daß du alles hörst und alles siehst und auch die geheimen Gedanken erkennen kannst... In der Kinderwelt sieht das dann so aus, daß man sich elend fühlt, weil du einem lauernd und ohne Pausen des Erbarmens zusiehst und zuhörst und mit Gedankenlesen beschäftigt bist.« Diese Aussagen sind ernst zu nehmen. Es ist zu billig, einfach von einem pathologischen Gottesbild zu reden. Der so geschrieben hat, hat Gott so erlebt. In seiner Erziehung ist ihm ein solcher Gott vermittelt worden. Dieses Gottesbild hat ihn über viele Jahre geprägt und verformt. Er steht für viele. Und deshalb kann seine Erfahrung nicht einfach isoliert und als spezieller Sonderfall abgelegt werden.

Und dennoch widerspricht dieses Gottesbild dem, was die Bibel meint, wenn sie von Gott redet, der zum Gericht kommt. Ja, die Aussagen von Gericht und Hölle, wie wir sie in der Bibel finden, müssen eher mit der Freiheit und Würde des Menschen in Verbindung gebracht werden, als mit seinen Ängsten und seiner Unmündigkeit. Sie geben nicht Zeugnis von einem angstmachenden Tyrannengott, sie bezeugen die große Liebe Gottes: eine kühne Aussage, die wohl genauer begründet werden muß. Im Glauben an den Gott, der kommen wird zum Gericht, steckt zunächst eine große Zusage. Er lädt ein, darauf zu vertrauen, daß Gott tatsächlich kommen wird. Er bezeugt, daß Gott die Welt nicht bloß geschaffen und dann sich selber überlassen hat, sondern daß er Anfang und Ende dieser Welt in seinen Händen hält. Trotz aller anders gearteten Erfahrungen in dieser Welt, die gottverlassen, wirr und fremd erscheint, wird Er ihr an ihrem Ende entgegenkommen. Diese Welt ist trotz allem umfangen von Gott, der bis an ihr Ende und gerade in ihrem Ende zu ihr hält. Und diese Zuwendung Gottes im Ende der Welt gilt nicht nur den Menschen, die dann leben werden, sondern allen, die je in ihr gelebt haben.

Denn er wird kommen zu richten die Lebenden und die Toten.

Aber er wird doch kommen in Macht und Herrlichkeit, und sein Gericht wird Menschen ins ewige Verderben stoßen? So ist doch in der Bibel nachzulesen? Tatsächlich sind diese klaren Aussagen in biblischen Texten zu finden. Aber sie müssen in Beziehung gesetzt werden zur Lebenspraxis Jesu. Denn diese zeigt uns verbindlich, wie Gott auf die Menschen zukommen wird. Jesus hat den Menschen immer aufgeholfen, er hat sich ihnen wohlwollend zugewandt und ihnen Leben eröffnet. So schreibt Johannes zu Recht: »Denn Gott hat seinen Sohn nicht in die Welt gesandt, damit er die Welt richtet, sondern damit die Welt durch ihn gerettet werde« (Joh 3,17). Aber trotz dieser freundlichen Worte hält das Johannesevangelium an der Gerichtsvorstellung fest: »Wer nicht glaubt, ist schon gerichtet, weil er nicht an den Namen des einzigen Sohnes Gottes geglaubt hat« (Joh 3,18b). Steckt darin nicht ein Widerspruch? Steckt darin nicht doch die Anleitung, so von Gericht und Hölle zu sprechen, daß der Mensch in Angst erstarren oder sich wütend von diesem Glauben abwenden muß? Nein! Denn das Reden vom Gericht gibt jedes Mal die Negativfolie her, auf der die Worte von der liebenden Zuwendung Gottes zum Menschen nur um so deutlicher hervortreten. Gerade weil Gott den Menschen liebt, muß die Rede von der Hölle aufrechterhalten werden. Sie bezeugt, welche Autonomie und Würde Gott dem Menschen schenkt. Lassen Sie mich das erklären: Der Glaube bekennt, daß Gott den Menschen nicht aus irgendeiner Laune heraus, sondern aus reiner, überströmender Liebe erschaffen hat. Liebe aber ist nur möglich, wo Freiheit herrscht. Aus unserer Erfahrung wissen wir, daß Liebe nicht erzwungen werden kann. Eine Beziehung, die mit dem Wort Liebe umschrieben wird, ist eine Beziehung wechselseitiger Freiheit.

Wenn Gott also den Menschen aus Liebe erschaffen hat, dann kann er den Menschen nicht in eine Beziehung zu sich hineinzwingen. Er kann sie ihm nur in Freiheit anbieten. Und gerade deshalb läßt er ihm grundsätzlich die Möglichkeit, sich dieser Liebe zu verweigern. Diese Möglichkeit aber, sich der Liebe Gottes bewußt und willentlich zu verweigern: das ist Hölle. Das Gericht ist, so verstanden, die endgültige Begegnung mit dem barmherzigen Gott, der den Menschen in Liebe erschaffen hat. Falls ein Mensch sich in dieser Begegnung tatsächlich Gott verweigern will, dann ist das Hölle. Gott gewährt ihm dann die Freiheit dieser Wahl. Auch da zwingt er ihn nicht in die Begegnung mit sich. So ist die Rede von der Hölle der Ausdruck dafür, daß Gott den Menschen in seiner Entscheidung wirklich ernst nimmt und gelten läßt.

Diese Vorstellung nimmt aber auch das Hier und Jetzt des Menschen ernst und unterstreicht seine Einmaligkeit. Das Leben, das ich lebe, gilt. Ich kann es nicht beliebig durch ein anderes ersetzen. Ich werde ernst genommen in dem, was ich tue und entscheide. Ich kann mein Leben nicht beliebig auswechseln und durch ein neues ersetzen. Ich kann wohl jederzeit umkehren, mein Leben neu ordnen und nach anderen Maßstäben einrichten. Ich bleibe aber der, der ich bin, einmalig und unverwechselbar. Meine Geschichte gehört zu mir und wird nicht in neue und spätere Geschichte aufgelöst.

Zugleich unterstreicht die Vorstellung vom Gericht auch die Barmherzigkeit Gottes. Dieses mein einmaliges Leben schwebt nicht beliebig im Weltall. Es steht in der Dynamik Gottes und mündet in die endgültige Begegnung mit ihm, wo es seine Ruhe und Erfüllung findet. Es muß sich seinen Sinn und seine Erfüllung nicht nur selber erarbeiten. Sie werden ihm in dieser Begegnung mit Gott geschenkt. Er kommt ihm in seinem Ende endgültig gütig entgegen und nimmt sein Leben so an, wie es geworden ist. Es ist nicht die eigene Leistung, die das Leben vollendet. Darin ist diese letzte Begegnung barmherzig. Zugleich aber nimmt Gott die Entscheidungen des einzelnen Menschen ernst. Er zwingt ihn nicht in die Annahme seiner Güte. Darin ist diese Begegnung ehrlich und respektvoll.

5.2 Ich glaube an Gott, der jede Träne abwischen wird

Wir möchten ja so gerne glauben, daß das Leben sinnvoll ist. Viele sehnen sich ja auch nach einem glücklichen und erfüllten Leben. Das Schicksal aber schlägt oft erbarmungslos zu. Der Glaube an Gott scheitert immer wieder an den realen Verhältnissen, an all dem, was der Alltag so manchem an Schwerem und Unverständlichem austeilt. Ist der Glaube an Gott angesichts der vielfältigen Not im kleinen und im großen nicht purer Zynismus?

Der realistische Blick auf das Schicksal vieler Menschen macht deutlich, in welcher Spannung der Glaubende lebt. Einerseits feiert er in jedem Gottesdienst seine eigene Erlösung und die Erlösung der ganzen Welt als eine in Jesus Christus längst vollendete Tatsache. Zum andern erlebt er sich selbst und die Welt weit entfernt von aller Harmonie, verstrickt in die Wechselfälle des Lebens, unglücklich und traurig. Tagtäglich begegnet er Tränen, die sichtbar machen, wie unerlöst wir leben. Noch schrecklicher aber sind die ungezählten nicht geweinten Tränen jener Menschen, denen das Leben sogar das Weinen ausgetrieben hat.

Auch der, der glaubt, daß in Jesus Christus das Schicksal des Menschen und der Welt ins Positive entschieden ist, muß anerkennen, daß Schrecken, Angst und Leid noch immer mächtig, ja übermächtig sind. Blaise Pascal hat das einmal drastisch formuliert: »Jesus bleibt in Agonie bis ans Ende der Welt.«

Der Glaube lädt ein, in dieser bis ans Ende der Zeit fortwährenden Agonie aus der Hoffnung auf den Gott zu leben, der kommen wird und – wie es in der Geheimen Offenbarung formuliert wird – jede Träne aus unseren Augen wischen wird (Offb 21,4).

Diese Zusage ist mir kostbar. Sie ist wie eine Kurzformel des ganzen Glaubens. Sie hält die Spannung, von der wir eben geredet haben, aufrecht. Sie bezeugt eine Hoffnung, nimmt die Welt, so wie sie ist, und ermutigt zu einer konkreten Lebenspraxis.

Sie formuliert eine Hoffnung: Keine Träne wird vergebens vergossen sein. Sie alle werden abgewischt werden. Am Ende der Zeit wird es nicht heißen: Vergeßt nun eure Tränen; was war, ist nicht mehr! Im Gegenteil, auch was war, wird in diese neue Zeit hineingenommen. Und so hängt in jeder Träne auch ein Hoffnungsschimmer. Die Hoffnung darauf, daß auch sie einmal abgewischt, das heißt doch wahr- und ernstgenommen wird. Es geht im christlichen Glauben demnach nicht um eine Zukunft auf Kosten der Vergangenheit, nicht um eine Zukunft des Vergessens und Verdrängens. In der Zukunft, zu der sich der christliche Glaube bekennt, bleibt die Erinnerung an die Schrecken und Leiden dieser Welt und ihrer unzähligen kleinen und großen Geschichten aufgehoben – aufgehoben im doppelten Sinn dieses Wortes: Die Tränen werden wahrgenommen, aufgehoben aus dem Vergessen und zugleich abgewischt, aufgelöst. In den Märchen werden Tränen oft in Perlen verwandelt. In diesem Bild ist dargestellt, was die Geheime Offenbarung verheißt, wenn sie von den abgewischten Tränen redet.

Die Zusage aus der Geheimen Offenbarung nimmt die Welt ernst: Unser Bild lenkt die Aufmerksamkeit darauf, daß es in unserer Welt nicht zum Besten bestellt ist. Die Welt wird nicht verzaubert. Schrecken und Leiden werden nicht verdrängt. Das ist nämlich oft die Tragik des Glaubens, daß er naiv und blauäugig in die Welt schaut und das

Unfaßbare und Schreckliche nicht wirklich wahrhaben will. Glaube ist kein Narkotikum, kein Opium, das uns die Welt schöner machen will, als sie tatsächlich ist. Karl Marx hat der Religion vorgeworfen, daß sie nur wie Blumen sei, welche die Ketten verdecken, an die wir Menschen gekettet sind. Wenn in unserem Satz von den Tränen geredet wird, dann wird entgegen diesem Vorwurf gerade auf diese Ketten hingewiesen. Denn sie sind es ja, die den Menschen die Tränen in die Augen treiben.

Die Verheißung der Geheimen Offenbarung lädt ein zu einer konkreten Lebenspraxis: Der Satz von den Tränen, die abgewischt werden, ermutigt zu zwei wichtigen Handlungen: dazu, die Tränen überhaupt wahrzunehmen, und dazu, jetzt schon Tränen abzuwischen. Die Verheißung ist kein schöner Spruch, der ins bloße Zuwarten entläßt. Wir neigen ja eher dazu, Tränen zu übersehen, Tränen zu unterdrücken. Es ist bequemer, uns den Tränen zu entziehen, als sich ihnen zu stellen. Es ist bequemer, den Menschen, die vom Leben geschlagen werden, auszuweichen. Wir fühlen uns bei den Siegern und Überlegenen wohler als bei den Opfern und Zukurzgekommenen. Der Glaube stellt aber gerade zu den Menschen, die allen Grund zum Weinen haben. Er fordert auf, ihre Tränen wahrzunehmen, sie auf ihre Tränen anzusprechen und sie ihnen abzuwischen. Vermutlich besteht sogar ein innerer Zusammenhang zwischen der Hoffnung, die der Glaube weckt, und dem Erschrecken über Leiden und Not. Denn ist es nicht so, daß erst auf dem Hintergrund der Hoffnung, daß das Leben im Grunde ganz und heil sein soll, Erschrecken über die Not möglich wird? Wenn sich das, was ist, aus seiner bloßen Existenz rechtfertigt, dann kann ich im Grunde gar nicht leiden. Leiden entsteht ja durch die Erfahrung einer Differenz zwischem dem, was da ist, und dem, was da sein sollte. Nur wenn ich davon ausgehe, daß jedem Menschen ein ganzes und erfülltes Leben zugesagt wird, nur dann kann ich erschrecken, wenn dieses Leben zerstört oder behindert wird. Ohne diese Voraussetzung kann ich keine Differenz wahrnehmen. Ohne diese Differenz sind Tränen gar nicht möglich. Und ohne sie stellen sich die Anfragen gar nicht, die das Leid an den Glauben stellt. Eine paradoxe Feststellung also. Die Hoffnung auf ein ganzes und erfülltes Leben ist die Ursache dafür, daß ich leiden kann. Dieses Leid ist aber zugleich der Grund für meine kritische Anfrage an die Verheißungen des Glaubens. Der Glaube hebt so nicht einfach Spannungen auf, er erzeugt sie vielmehr. Glauben heißt wesentlich, diese Spannung, die im Leid spürbar wird, auszuhalten, nicht als asketischer Held allerdings, sondern in der Hoffnung auf das Ende des Leids, die dazu befreit, gegen das Leid anzugehen, wo es von uns Menschen selber geheilt werden kann.

6. Kirche

6.1 Ich glaube an Gott, der Kirche voraus

Kühne Sätze des Konzils sind bei uns oft noch gar nicht recht angekommen. So auch jener Satz aus der Kirchenkonstitution, der von den Bischöfen in diesem Wortlaut verabschiedet wurde: »Aber auch den andern, die in Schatten und Bildern den unbekannten Gott suchen, auch solchen ist Gott nicht ferne, da er allen Leben und Atem und alles gibt und als Erlöser will, daß alle Menschen gerettet werden« (Lumen Gentium, Nr. 16).

Dieser kühne Satz hat eine radikale Abwehr von einer Seelsorgementalität, die lange Jahrhunderte in allen christlichen Kirchen galt, zur Folge. Gab es doch früher für einen Pfarrer nichts Schlimmeres, als daß ein Kind in seiner Pfarrei nicht getauft wurde. Der Bischof von Passau zum Beispiel hielt 1726 in einer Verordnung fest, daß ein Pfarrer, in dessen Pfarrei ein Kind ungetauft stirbt, »dem fürchterlichen Tribunal des göttlichen Gerichts« überantwortet werde. Diese Anweisung gründet in der Überzeugung, daß nur der gerettet wird, der die Gnade aus den Händen der Kirche empfängt. Das Konzil von Florenz (1438–1445) hat diese Überzeugung so formuliert: »Niemand außerhalb der katholischen Kirche, weder Heide noch Jude noch Ungläubiger oder ein von der Einheit Getrennter, wird des ewigen Lebens teilhaftig. Er verfällt vielmehr dem ewigen Feuer, das dem Teufel und seinen Engeln bereitet ist, wenn er sich nicht vor dem Tod der Kirche anschließt. So viel bedeutet die Einheit des Leibes der Kirche, daß die kirchlichen Sakramente nur denen zum Heil gereichen, die in ihr bleiben, und dass nur ihnen Fasten, Almosen, andere fromme Werke und der Kriegsdienst des Christenlebens den ewigen Lohn erwirbt. Mag einer noch so viele Almosen geben, ja selbst sein Blut für den Namen Christi vergießen, so kann er doch nicht gerettet werden, wenn er nicht im Schoß und in der Einheit der katholischen Kirche bleibt.« Die Verordnung des Passauer Bischofs bürdete eine schwere Last auf die Seelsorger, in deren Hände Heil oder Unheil aller Seelen – so sprach man damals – in der eigenen Pfarre gelegt wurde.

Das Zweite Vatikanische Konzil setzt hier die Akzente ganz anders. Die Kirche bleibt wichtig, selbstverständlich, aber sie wird deutlich dem umfassenden Heilswillen Gottes untergeordnet. Wenn Gott wirklich der Gott ist, der will, daß alle Menschen gerettet werden, dann kann er diese Rettung nicht ausschließlich an das Handeln der Kirche binden. Das Konzil nimmt ernst, daß Gott unendlich größer ist als die Kirche. Karl Rahner war ein Theologe, der diese Gedanken entfaltet hat. Er hält fest, daß die Welt als ganze von Gottes Willen zum Heil geprägt ist. So sind in der Geschichte dieser Welt schon immer, und allem Handeln der Kirche voraus, Spuren der Gegenwart Gottes zu entdecken. Rahner sagt das so: Die Welt existiert, weil Gott sie gewollt hat. Er hat sie sich als sein Gegenüber geschaffen, dem er sich selber mitteilen will. Die Schöpfung ist von allem Anfang an als die Wirklichkeit zu verstehen, die Gott sich als

Gegenüber und Partner seiner Selbstmitteilung geschaffen hat.

Damit kommt der Mensch nicht erst dort mit Gott in Kontakt, wo ihm die Kirche begegnet. Gott ist der Kirche vielmehr immer schon voraus. Das Erste und Grundlegende ist die Geschichte Gottes mit der Welt im ganzen und mit jedem Menschen. Sie ist einer von Gott angezettelten Liebesgeschichte zu vergleichen. Erst innerhalb dieser Geschichte hat die Kirche ihren Ort. Sie hat nach Rahner die Aufgabe, den Menschen in das Geheimnis einzuführen, aus dem er als einzelner, aus dem aber auch die Welt im ganzen schon immer lebt.

Die Kirche existiert, damit die Menschen in ihrer Verkündigung und ihren Sakramenten Orientierung und Unterstützung für ihr Leben finden. Die Kirche hat die Aufgabe, den Menschen zu zeigen, daß in ihrem Leben schon immer Gott in seiner Liebe am Werk ist. Sie sucht mit den Menschen Orte und Erfahrungsbereiche auf, in denen das Geheimnis des Lebens, Gott, spürbar wird. In diesem Sinne kommt die Kirche Gott immer hinterher. Er ist ihr immer schon voraus im Leben der Menschen gegenwärtig.

Mit dieser mystagogischen Aufgabe verbindet sich eine weitere Grundaufgabe der Kirche. Sie hat immer und überall auf Jesus Christus hinzuweisen. Denn in ihm ist die Liebesgeschichte Gottes an ihr Ziel gekommen. Er ist das zuverlässige Fundament, das der Kirche Grund gibt, zu verkünden, daß die Liebesgeschichte Gottes mit der Welt und jedem Menschen nicht bloß ein schöner Traum ist, sondern unwiderrufliche Wirklichkeit. In diesem Sinne kommt die Kirche immer auch Jesus Christus hinterher. Sie hat nicht auf sich selbst, sondern auf ihn zu verweisen.

So ist der Kirche ein Hinhören in doppelter Richtung aufgetragen. Sie hat hinzuhören auf das, was Menschen in ihrem Leben erfahren. Sie kann dabei helfen, Spuren Gottes im Leben zu entdecken. Diese Spuren sind ihr voraus in unser Leben eingetragen. Die Kirche hat aber auch auf Jesus Christus und sein Evangelium zu hören. Sie hat nicht sich selbst zu verkünden, sondern von Jesus Christus und seinem Leben zu erzählen. Kirche entsteht dort, wo dieses doppelte Hinhören gelingt. Im Hinhören auf das, was heutige Menschen in ihrem Leben erfahren, geht es – um eine Formulierung des letzten Konzils aufzunehmen – darum, die Zeichen der Zeit zu erkennen: »Zur Erfüllung dieses ihres Auftrages obliegt der Kirche allzeit die Pflicht, nach den Zeichen der Zeit zu forschen und sie im Lichte des Evangeliums zu deuten. So kann sie dann in einer jeweils einer Generation angemessenen Weise auf die bleibenden Fragen der Menschen nach dem Sinn des gegenwärtigen und des zukünftigen Lebens und nach dem Verhältnis beider zueinander Antwort geben. Es gilt also, die Welt, in der wir leben, ihre Erwartungen, Bestrebungen und ihren oft dramatischen Charakter zu erfassen und zu verstehen« (Kirche und Welt, Nr. 4).

Daß diese Aufgabe ein ernsthaftes Zuhören verlangt, daß die Kirche die Zeichen der Zeit nicht einfach aus sich selbst erkennen kann, sondern dafür den Dialog führen muß, wird in dramatischer Weise im gleichen Konzilsdokument deutlich ausgesprochen:»Wie es im Interesse der Welt liegt, die Kirche als gesellschaftliche Wirklichkeit der Geschichte und als deren Ferment anzuerkennen, so ist sich die Kirche auch darüber im klaren, wieviel sie selbst der Geschichte und Entwicklung der Menschheit verdankt. Die Erfahrung der geschichtlichen Vergangenheit, der Fortschritt der Wissenschaften, die Reichtümer, die in den verschiedenen Formen der menschlichen Kultur liegen, durch die die Menschennatur immer klarer zur Erscheinung kommt und neue Wege zur Wahrheit aufgetan werden, gereichen auch der Kirche zum Vorteil... Zur Steigerung dieses Austausches bedarf die Kirche vor allem in unserer Zeit mit ihrem schnellen Wandel der Verhältnisse und der Vielfalt ihrer Denkweisen der besonderen Hilfe der in der Welt Stehenden, die eine wirkliche Kenntnis der verschiedenen Institutionen und Fachgebiete haben und die Mentalität, die in diesen am Werk ist, wirklich verstehen, gleichgültig ob es sich um Gläubige oder Ungläubige handelt.« Der Text offenbart seine ganze Brisanz im letzten Abschnitt: »Die Kirche erfährt auch dankbar, daß sie sowohl als Gemeinschaft wie auch in ihren einzelnen Kindern mannigfaltigste Hilfe von Menschen aus allen Ständen und Verhältnissen empfängt… Ja selbst die Feindschaft ihrer Gegner und Verfolger, so gesteht die Kirche, war für sie sehr nützlich und wird es bleiben« (Kirche und Welt, Nr. 44).

6.2 Ich glaube an die Gemeinschaft der Heiligen

Manch einer wird stumm, wenn er im Credo seinen Glauben an die Kirche bekennen soll. »Ich glaube an die heilige katholische Kirche, die Gemeinschaft der Heiligen.« Auch mir kommt dieser Satz bisweilen nur schwer über die Lippen. Kirchenerfahrungen steigen in mir hoch, die mich wütend und traurig machen. Diskussionen, die vorzeitig abgebrochen werden. Frauen, die ihre Berufung nicht leben können. Eigenständige Kirchen, deren Lebenskraft zurechtgestutzt wird. Da von einer Gemeinschaft von Heiligen zu reden, ist doch schlicht und einfach eine Lüge. Wäre es nicht ehrlicher, diesen Satz einfach wegzulassen? Oder doch wenigstens seine Rezitation auszusetzen, bis wieder Zeiten des Friedens und des Aufbruchs in der Kirche einkehren?

Doch prüfen wir vor dem endgültigen Entscheid, auf was dieser Bekenntnissatz ursprünglich hinweisen wollte. Kirche meint hier nicht die Kirchenleitung und das große weltweite System »Kirche«. Kirche ist hier die konkrete Gemeinde, die sich zur sonntäglichen Eucharistiefeier versammelt. Offenbar zeigt sich Kirche im Konkreten, eben da, wo gläubige Menschen zum Gottesdienst zusammenkommen. Diese um den Altar versammelten Menschen: das ist die Kirche, an die es zu glauben gilt. Denn Kirche entsteht, wo sich Menschen zur Eucharistie einfinden. So meint also Gemeinschaft der Heiligen eine ganz konkrete Gruppe von Menschen. Die das Credo betende Gemeinde redet von sich selbst; nicht andere, sondern die um den Altar Versammelten sind diese Gemeinschaft der Heiligen. Damit gilt es sogar zweimal leer zu schlucken, bevor ich diesen Satz ausspreche. Denn diese gewöhnlichen Menschen – und darunter auch mich – als Heilige zu bezeichnen: das ist eben doch ein äußerst fragwürdiges Unternehmen.

Doch es gilt jetzt auch, den Zusammenhang mitzubedenken, in dem unser fragwürdiger Satz steht. Ihm geht nämlich das Bekenntnis zum Heiligen Geist voraus: »Ich glaube an den Heiligen Geist.« So muß unser Satz also als Ausdeutung und Ausfaltung dieses Bekenntnissatzes verstanden werden. Die Gemeinschaft, von der die Rede ist, ist nicht aus ihrem eigenen Wollen entstanden. Sie ist vielmehr vom Heiligen Geist gestiftet. Die Gemeinde ist nicht eine Gemeinschaft von Heiligen, weil sie vorbildlich lebt, brav ist, anständig, friedliebend oder fad, langweilig und fromm. Es gibt ja die seltsamsten Vorstellungen darüber, was das Wort »heilig« meint. Sie besteht aus Heiligen, weil diese Menschen vom Geist Gottes zusammengerufen sind. Hans Urs von Balthasar hat das einmal so formuliert: »Christlich kann Communio (Gemeinschaft) nicht erstrebt werden, weil sie vorweg von Gott in Christus und in der ›Durchtränkung‹ mit dem Heiligen Geist geschenkt worden ist. Alles Eins-Sein-Wollen appelliert an ein Immer-schon-eins-Sein: aber nicht durch uns selbst, nicht aufgrund der natürlichen Mitmenschlichkeit, sondern weil Gott uns in seinem Sohn zu Kindern und Miterben eingesetzt hat. Die geschenkte Einheit ist für uns unverfügbar: sie stammt aus Gott, sie verwirklicht sich in Gott, und Gott bleibt unverfügbar« (Internationale Katholische Zeitschrift, 1972, S. 4). Die Kirche bekennt sich also nicht zu ihrer eigenen Leistung, sie kann nicht so tun, als ob sie eine Gemeinschaft von Tugendbolden und friedliebenden, wohlanständigen Menschen wäre. Die Kirche bekennt sich vielmehr zu einem Gott, der Sünderinnen und Sünder beruft.

Diese Berufung und nicht die Qualität ihres Lebenswandels macht die Heiligkeit der Kirche aus.

Gut also, wenn einer leer schluckt, bevor er einstimmt und sich zur Gemeinschaft der Heiligen bekennt. Er schützt sich so vor dem Mißverständnis, das die Heiligkeit zur eigenen Leistung macht. Denn dieses Mißverständnis baut man ja eher sich selbst als anderen gegenüber auf. Der Fortgang des Glaubensbekenntnisses vertieft diese Einsicht noch zusätzlich. Denn unmittelbar auf das Bekenntnis zur Gemeinschaft der Heiligen folgt das Bekenntnis zur Vergebung der Sünden. Dieser Zusammenhang unterstreicht, daß die Gemeinschaft der Heiligen eine Gemeinschaft von Sünderinnen und Sündern ist. Gott beruft nicht die Unbescholtenen, die nichts auf dem Kerbholz haben. Er ruft Menschen, die in ihrem Leben vielfältig verstrickt sind, in seine Gemeinschaft der Heiligen. Deshalb ist es gut, das Bekenntnis zur Gemeinschaft der Heiligen im Glaubensbekenntnis zu lassen. Es macht immer wieder bewußt, daß die Kirche eine Gemeinschaft von Sünderinnen und Sündern ist. Es bewahrt vor frommer Überheblichkeit. Ein äußerst kirchenkritischer Satz also, wenn er richtig verstanden wird. Er erinnert die Kirche daran, daß sie sich nicht selber heilig machen kann, bewahrt sie vor der Versuchung jedes Moralisten, der meint, besser zu sein als die andern.

Unser Bekenntnissatz will also nicht den Traum von einer Kirche heiliger, sündloser Menschen wachhalten: einen Traum, der ja auch in dem lebendig ist, der sich an der Realität der Kirche reibt, sie kritisiert und sich enttäuscht von ihr abwendet. So könnte dieser Satz also gerade auch für Kirchenkritiker von Bedeutung sein. Er könnte sie zur Solidarität mit der sündigen Kirche einladen. Wie denn bloß? Eben durch die Einsicht, daß die Heiligkeit der Kirche in Gott und nicht in ihrer eigenen Geschichte, in ihrem eigenen Tun und Lassen liegt. Das Bekenntnis zur Kirche und die Kritik an ihr schlössen sich so nicht gegenseitig aus. Sie gehörten vielmehr wie Zwillinge zusammen. Die Gemeinschaft der Heiligen ist immer eine Gemeinschaft von Sünderinnen und Sündern. Ich bekenne mich nicht zu einer moralisch verstandenen Heiligkeit und Unbescholtenheit der Kirche, sondern dazu, daß der Geist Gottes sich immer wieder in der Kirche manifestiert und durch ihre Sündigkeit hindurch aufbricht.

Darin bleibt sie in der Nachfolge Jesu und in der Treue zu seinem Gott. Er hat die Tischgemeinschaft mit den Sündern gesucht und darin konkret sichtbar gemacht, wem sich Gott zuwendet. Er wählte nicht die Heiligen, die Braven und Anständigen aus, sondern suchte die Sünderinnen und Sünder, die Verstrickten, die an den Rand Geratenen, die Versager und das Gesindel. Und so kann im Blick auf Jesus die Heiligkeit der Kirche nicht anders sein als die gegenseitige Solidarität.

Kirchenkritik wird damit nicht unnötig. Echte Solidarität ist immer kritische Solidarität. Aber sie überfordert die Kirche nicht mit dem Anspruch auf ihre Heiligkeit, dem sie nie aus sich selbst gerecht werden kann. Wer sich so zur Heiligkeit der Kirche bekennt, kann ihr gegenüber immer auch barmherzig sein. Denn das Bekenntnis zur Heiligkeit der Kirche gründet in der Barmherzigkeit Gottes selbst, der sie in seinem Geist aufbaut.

6.3 Vom Überdruß mit der Kirche

Man mag die Worte und Appelle schon gar nicht mehr hören. Wir haben genug von diesen ständigen Auseinandersetzungen, vom Streit um Kirche und Kirchenbilder. Viele ziehen sich zurück, gehen in die innere Emigration, suchen im stillen oder verbunden mit einem offenen Kirchenaustritt die Befriedigung ihrer religiösen Bedürfnisse anderswo. Einige kämpfen verbissen für eine Kirche nach ihren Vorstellungen. Unvoreingenommen betrachtet, macht die Kirche einen desolaten Eindruck. Manchmal würde auch ich ihr am liebsten den Abschied geben, um frei zu werden von diesem Gezänk und den vielen Belastungen, welche sie in ihrer Geschichte mit sich trägt. Ohne Kirche ließe sich freier, kreativer und menschlicher glauben, denke ich zuweilen. Und dennoch ist der Glaube an Jesus Christus nur mit dieser Kirche zu haben.

In den letzten Jahren sind viele Kirchenträume zerronnen. Die Kirche, die durch Papst Johannes XXIII. einen neuen Charme erhalten hat, steht heute schäbig da: eine alte, abgetakelte Figur. Zunehmend suchen sich deshalb viele einen eigenen religiösen Weg. Sie haben es aufgegeben, in der Kirche für das Recht auf ihren eigenen Glaubensstil zu kämpfen. Sie ersparen sich damit mühsame Auseinandersetzungen und großen Ärger. Sie leben freier, aufrecht und in eigener Verantwortung. Auf Dauer allerdings sind diese Versuche zum Scheitern verurteilt. Der Glaube an Jesus Christus ist nicht ohne Kirche zu haben. Denn er ist, so persönlich er auch gelebt werden will, nur als Glaube in der Gemeinschaft der Glaubenden zu leben. Dies nicht, weil es die Kirche so will, sondern weil Jesus selbst den Glauben in die Solidarität der Glaubenden eingebunden hat. »Wo zwei oder drei in meinem Namen beisammen sind, da bin ich mitten unter ihnen«, verspricht er im Matthäusevangelium (Mt 18,20). Dabei, so wird man einwenden, ist allerdings eher an die Gemeinschaft der Glaubenden gedacht als an die Institution Kirche. Doch diese Gemeinschaft kann auf Dauer ohne institutionelle Krücken nicht überleben. So schreibt etwa der Befreiungstheologe Leonardo Boff: »Ohne ein Mindestmaß an Institution kann eine Gemeinde nicht bestehen, weil sie von dorther Einheit, Zusammenhalt und Identität bezieht.« Allerdings bleibt die Institution bloß eine Krücke. Sie hat keinen Wert an sich: »Die Institution ist keine Größe in sich, sondern eine Funktion im Dienst an der Glaubensgemeinschaft... Jede Institution hat die Tendenz, sich zu ontokratisieren, das heißt zu einem Machtsystem zu werden, das Kreativität und Kritik unterdrückt« (L. Boff, Kirche: Charisma und Macht, Düsseldorf 1985, S. 94/95).

In dieser Spannung zwischen der Notwendigkeit der Institutionalisierung und der bleibenden Gefährdung jeder Institution ist von der unverzichtbaren Bedeutung der Kirche zu sprechen. Der Glaube an Jesus Christus muß immer kirchlich sein. Das Bekenntnis zur Kirche muß aber zugleich vom Wissen um deren bleibende Gefährdung begleitet bleiben. In der Kirchenkonstitution des letzten Konzils wird das so formuliert:»In ähnlicher Weise (wie Jesus selbst) umgibt die Kirche alle mit ihrer Liebe, die von menschlicher Schwachheit angefochten sind, ja in den Armen und Leidenden erkennt sie das Bild dessen, der sie gegründet hat und selbst ein Armer und Leidender war. Sie müht sich, deren Not zu erleichtern, und sucht Christus in ihnen zu dienen. Während aber Christus heilig, schuldlos, unbefleckt war und Sünde nicht kannte, sondern allein die Sünde des Volkes zu sühnen gekommen ist, umfaßt die Kirche Sünder in ihrem eigenen Schoß. Sie ist zugleich heilig und stets der Reinigung bedürftig, sie geht immerfort den Weg der Buße und Erneuerung« (Lumen Gentium, Nr. 8).

Kirche bleibt gefährdet, gerade dort wo sie sich der Einsicht verschließt, selber sündig zu sein. Wer also von der Kirchlichkeit des Glaubens redet, muß zur Sündigkeit der Kirche stehen und ihre stete Umkehrbereitschaft einfordern. Kirchenzugehörigkeit bedeutet nicht Totalidentifikation. Kirchenzugehörigkeit schließt die Kritik an der Kirche mit ein. Kirchlicher Glaube ist notwendig immer kritischer Glaube, der um die Sündigkeit der Kirche weiß. Allerdings ist nicht überhebliche Kritik gefragt, sondern die Kritik, die um die eigene Sündigkeit weiß und in diesem Sinn die eigene Position nicht einfach absolut setzt, sondern in das Gespräch der Gemeinschaft der Glaubenden einbringt.

Das ist die große Herausforderung, die im »wir glauben« steckt: ganz bescheiden eingestehen, daß ich meinen Glauben der Kirche verdanke. Ohne die Gemeinschaft der Glaubenden hätte ich nie zu meinem Glauben finden können. Auch der christliche Glaube fällt nicht vom Himmel. Er ist nur in diesem Miteinander zu leben. Im Horizont des christlichen Glaubens ist ein radikaler Individualismus undenkbar. Ich kann mich der Verbindung mit all denen, die sich zu Jesus Christus bekennen, nicht entziehen. Der Gedanke der Einheit, der im Christentum so bedeutsam ist, ist Ausdruck dafür. Trennung ist dem christlichen Glauben wesensfremd und immer Verrat am Geist Jesu. Wahrer Glaube sucht die Verbindung und die Einheit. Allerdings ist dieser Auftrag unbequem. Denn was soll ich die Verbindung mit diesen unzähligen fragwürdigen Christen suchen, die durch ihr Reden und Tun ihren Glauben verraten, die mir in der Art, wie sie ihren Glauben leben und bekennen, fremd sind? Ist nicht oft die Abgrenzung die einzige Möglichkeit, um mir meinen Glauben zu retten? »Ja, ich glaube, aber nicht so wie diese«: Ist das nicht ein Satz, den ich immer wieder lautstark sagen muß, wenn ich mir meinen Glauben bewahren will?

Ich kann nur glauben als Teil der ganzen Glaubensgemeinschaft, es gibt kein isoliertes Glauben für mich allein. Das ist das eine. Auf der anderen Seite gilt es ernst zu nehmen, daß diese Glaubensgemeinschaft immer auch sündig ist und mein Bekenntnis zur Kirche nicht ein Bekenntnis zu einer Gemeinschaft von Reinen und Vollkommenen ist. Realistisch muß ich anerkennen, daß mir in der Kirche – wie wohl auch in mir selbst – Reines und Unreines, Gesundes und Krankes, Heilendes und Zerstörendes zugleich begegnet. Und so kann sich in die Melodie des »wir glauben« eben auch Kritik, Trauer, Wut und Zorn mischen. Die wesensmäßige Verbindung des »ich glaube« mit dem »wir glauben« schafft den Raum für diese Kritik und Auseinandersetzung. So wird wohl die Beziehung des einzelnen zur Kirche immer wieder gebrochen sein. Und die Lebenskraft der konkreten Kirche wird wesentlich daran hängen, wieweit es ihr gelingt, den Raum offen zu halten für die Menschen, die diese Gebrochenheit besonders deutlich erfahren und zum Ausdruck bringen. Die Lebenskraft der Kirche zeigt sich wesentlich an ihrem Umgang mit ihren Kritikern. Hermann Häring hat in einem Artikel über die Kirche davon gesprochen: »Reformen bringen Unruhe. Sie aber ist heilsam, wenn sie dem Maß kirchlichen Lebens entspringt: der von Gott legitimierten Lebenspraxis Jesu, die im Blick auf die Hoffnungen der Menschheit durch unsere Nachfolge auszulegen ist. Wo dies explizit geschieht, ist Kirche. Selbstkritisch bleibt uns die Frage gestellt, ob die sinnstiftende und wirklichkeitsverändernde Kraft des Glaubens durch uns erkennbar wird, ob die Kirche also christlich ist. Diese Frage bleibt, auch wenn klar ist, daß der Glaube ohne Kirche nicht weitergegeben werden kann« (Neues

Handbuch theologischer Grundbegriffe, hrsg. P. Eicher, München 1984, Bd. 2, S. 323). Kirchenkritik wird sich immer mit Selbstkritik verbinden müssen, wenn sie nicht aus dem Zusammenhang herausfallen will, den Jesus Christus gestiftet hat.

7. Ich

7.1 Ich glaube an mich selbst

Auf der Suche nach der Bedeutung des christlichen Glaubens stößt man immer wieder auf eine eigenartige Alternative: Der Glaube wird dem Postulat der Selbstverwirklichung entgegengesetzt. Dabei ist der Glaube, von dem das Evangelium redet, der Weg zur vollkommenen Selbstverwirklichung.

Bei Licht besehen, ist das menschliche Leben nicht einfach. Es kann geschehen, daß ich mir selber überdrüssig, mir selber langweilig werde. Ich kann im nüchternen Blick auf mein Tun und Lassen in Verzweiflung geraten, den Glauben an mich selbst verlieren. Eine vorurteilslose Betrachtung der eigenen Person läßt mich Abgründe in mir selbst entdecken. Und zuweilen kann es mir geschehen, daß ich mich selber nicht mehr verstehe. Selbstverständlich spiegeln sich solche Dinge nicht auf meinem Gesicht. Da bewahre ich Haltung und signalisiere deutlich, daß ich wer bin, durchaus ernst zu nehmen und zu respektieren. Aber innen drin, in meinem Herzen gleichsam, da können sich solche Erfahrungen und Eindrücke hartnäckig festmachen.

In solchen Situationen beginnt man Bilanz zu ziehen.

Man wägt ab, hin und her, was sich lohnt, was zuviel Mühe bereitet. Man beginnt zu fragen, ob denn alles überhaupt einen Sinn habe. Meistens geschieht das nicht in gestochen scharfem Nachdenken, meist sind es Nebelschwaden von Gefühlen, Überlegungen, Satzfetzen, die einem durch die Seele ziehen. Und zumeist kommt man mit diesen Gedanken und Gefühlen an kein Ende. Alles dreht im Kreis, langsam manchmal, und manchmal unheimlich schwindlig schnell. Die Rückkehr an die Oberfläche des Alltags bietet sich oft als Lösung an. Man drängt dies alles in den Hintergrund, läßt es nicht hochkommen und lebt sein Leben ordentlich weiter. Der Alltagstrott hilft über so vieles hinweg.

Genau hier bietet der Glaube eine Alternative. Er ermöglicht, durch die Nebelschwaden hindurch an mich selbst zu glauben. Er ist dabei ein Glaube, der mir über mich nichts vormacht. Ich kann an mich selber in all der Widersprüchlichkeit, die ich bin, glauben. Ich kann darauf vertrauen, daß hinter den Nebelschwaden nicht nichts ist, sondern Gott mir entgegenkommt mit meinem Namen in seinen Händen. Ich darf darauf hoffen, daß ich mehr bin als das, was mir aktuell als ich selbst entgegenkommt. Ich darf mich als ein Geheimnis verstehen, das größer ist als alles, was ich über mich selber weiß, erfahre und fühle. Das alles ist mit dem Loslassen, das mit dem Glauben verbunden wird, mitgemeint. Mich selber loslassen heißt, eben auch an mich selber glauben können. Das allerdings tue ich nicht, weil die Bilanz, die ich über mich selber ziehe, stimmt und gute Gewinne verheißt. Dies eben gerade nicht! Ich glaube an mich, auch wenn die Bilanz ganz und gar nicht stimmt, weil eben nicht ich selbst, sondern ein anderer über mich Bilanz zieht und weil ich weiß, daß der mir wohlwill.

Karl Rahner hat immer wieder versucht, diese untergründige Erfahrung des heilenden Geistes Gottes zu beschreiben. Zum Beispiel so: »Wo die eine und ganze Hoffnung über alle Einzelhoffnungen hinaus gegeben ist, die alle Aufschwünge, aber auch alle Abstürze noch einmal sanft in schweigender Verheißung umfängt, wo eine Verantwortung in Freiheit auch dort noch angenommen und durchgetragen wird, wo sie keinen angebbaren Ausweis an Erfolg und Nutzen mehr hat, wo ein Mensch seine letzte Freiheit erfährt und annimmt, die ihm keine irdischen Zwänge nehmen können, wo der Sturz in die Finsternis des Todes noch einmal gelassen angenommen wird als Aufgang unbegreiflicher Verheißung, wo die Summe aller Lebensrechnungen, die man nicht selber noch einmal berechnen kann, von einem unbegreiflichen anderen her als gut verstanden wird, obwohl man es nicht nochmals beweisen kann.«

Komplizierte Sätze! Aber lesen Sie sie mehrere Male durch; es wird Ihnen aufgehen, daß darin ganz Elementares angesprochen wird: Ich bin mir selbst ein Geheimnis und darf darauf vertrauen, daß mir im Geheimnis, das ich bin, Gott entgegenkommt. Um seinetwillen kann ich so getrost an mich selber glauben. Es gibt im Leben ja diese fatalen Teufelskreise. Weil einer kein Selbstvertrauen hat, wagt er es nicht, selbstbewußt aufzutreten. Jede Begegnung mit anderen bestätigt ihm deshalb, daß er niemand ist. Sein Selbstbewußtsein fällt immer mehr in sich zusammen. Wie da herauskommen? Vielleicht eben durch das Vertrauen auf jenen Gott, der mir vertraut. Vielleicht durch die Einsicht, daß da einer ist, der mir vertraut. Vielleicht durch die Einsicht, daß da einer ist, der – mir voraus – auf mich vertraut. Der Teufelskreis ist durchbrochen, weil sichtbar wird, daß mein Leben nicht einfach in sich selbst kreist, sondern auf einem zuverlässigen Fundament ruht.

7.2 Ich glaube an den, der mich mag

Wer glaubt, muß sich klein machen, schlecht von sich selber denken. Er darf kein gesundes Selbstbewußtsein haben. Glaubende sind schwächliche Menschen. So der Vorwurf, der seit Nietzsches Kritik am Christentum immer wieder zu hören ist. Und trifft er nicht ins Zentrum gläubiger Existenz? Werden Gläubige von ihrer Religion nicht klein gemacht, damit dann um so größer und herrlicher von Gott und seinen Dienern geredet werden kann? Werden ihre Leistungen nicht klein gemacht und ihre Lebenslust ihnen verdorben, nur damit die heilende Gnade um so größer erscheint?

Jener Satz Jesu, der in den Evangelien in verschiedenen Varianten geschrieben steht, bestätigt diesen Vorwurf nur: »Wer der erste sein will, soll der letzte von allen und der Diener aller sein.« Doch wie ist dieser Satz genau zu verstehen? Er steht quer in unserer Zeit, die uns darauf trimmt, die Größten zu sein, uns zum mindesten im Licht der Größten zu sonnen. Erfolg hat die Werbung, die mit Größen des Showgeschäfts daherkommt. Johnny, der auf der Gasse lebt, ist da nicht gefragt. Doch – hinter die Kulissen geschaut – was geht nicht alles kaputt in uns, in diesem erbarmungslosen Kampf um die ersten Plätze, in diesem Bemühen, dazuzugehören und einen Namen zu bekommen unter denen, die dazugehören!

Wo Menschen beieinander sind, entzündet sich immer wieder der erbarmungslose Kampf um die ersten Plätze. Auch die Kirche ist davon nicht verschont, schon in ihren ersten Anfängen. Die Jünger schon streiten sich, und offenbar streitet sich auch die Gemeinde, für die Markus sein

Evangelium schreibt. Der Satz Jesu zielt also in konkrete Situationen: in jenes Gerangel um Anerkennung, Macht und Geltung, das in unzähligen Varianten gespielt werden kann: mit plumpen, amtlich abgesicherten Machtansprüchen, mit fein gesponnenem Ränkespiel, mit verbissenem Leistungseifer, mit unterwürfiger Anbiederung, als undurchsichtiges Pokerspiel.

An uns, die wir in dieses Gerangel verwickelt sind, richtet sich Jesu Satz. Er darf so nicht als Aufforderung zur Selbstdemütigung verstanden werden. Es geht nicht um Selbstpeinigung und moralischen Masochismus. Es geht nicht darum, mir das Rückgrat zu brechen und mich gefügig zu machen. Es geht gerade darum, mir den Rücken zu stärken, aber eben nicht durch jenes Gerangel, von dem ich oben geschrieben habe, sondern auf eine ganz andere Art.

Diese andere Art macht Jesus in einer einfachen Zeichenhandlung deutlich. Er stellt ein Kind mitten in die streitenden Jünger, umarmt es und sagt: »Wer ein solches *Kind* um meinetwillen aufnimmt, der nimmt mich auf; wer aber mich aufnimmt, der nimmt nicht nur mich auf, sondern den, der mich gesandt hat.« Aus der Zeit Jesu wird ein Spruch überliefert, der diesem Satz genau entgegensteht: »Wer die *Gelehrten* aufnimmt, ist wie einer, der die Schechina (die Gegenwart Gottes in dieser Welt) aufnimmt.« Deutlicher könnte der Gegensatz nicht formuliert werden.

Was bedeutet es aber, ein Kind zu umarmen? Tun Sie es und Sie werden es entdecken:

- Sie beugen sich zu Boden, stellen sich auf die gleiche Höhe wie das Kind und gewinnen so mehr Bodenhaltung. Je größer sich einer macht, desto mehr verliert er den Bodenkontakt, er ist nicht mehr geerdet.
- Sie stellen sich auf das Kind ein, seine spontane Art, in der es seine Wahrnehmungen und Gefühle noch unverdreht ausdrückt. Erwachsenwerden heißt oft, seine Ge-

fühle und Wahrnehmungen verdrängen müssen, eine Rolle zu spielen lernen.

– Sie reden zärtlicher und gewähren dem Kind große Nähe. Das kleine Kind macht ihnen das leicht. Erwachsenwerden verlangt meistens, das Herz zu verstecken und auf geziemende Distanz zu gehen.

Der Kontakt mit dem kleinen Kind verwandelt. In ihm entdecke ich, was der Satz Jesu meint. Diejenigen in der lateinamerikanischen Kirche, die sich von den Mächtigen und Großen abgewandt und den Kleinen zugekehrt haben, haben die Erfahrung gemacht, auf die Jesus damals seine Jünger hinweisen wollte. Sie sprechen von ihrer Option für die Armen und davon, daß sie dabei die Fülle und Freude des Evangeliums entdeckt haben. Sie erzählen davon, daß sie dabei das Leben entdeckt haben.

Allerdings sind sie damit auf den Weg geraten, auf dem Jesus selbst mitten zwischen den streitenden Jüngern ein Kind umarmt hat: auf den Weg nach Jerusalem, ans Kreuz. Wer so zu leben versucht wie Jesus, der gerät jenen in die Quere, die dem Gerangel um Macht und Anerkennung verfallen sind und die wissen, wie man zu schweigen bringt, was sie stört. Gegen ihre Macht steht aber die Hoffnung, die am Ende des Weges ans Kreuz aufbricht: der Glaube an die Auferweckung Jesu, die Zusage, daß wer das Kind umarmt, an der Fülle seines Lebens Anteil hat.

Der Glaube will also nicht klein machen, sondern vom wahnhaften Zwang befreien, groß sein zu wollen, etwas zu gelten. Er befreit von der tödlichen Vorstellung, daß ich nur auf Grund meiner Leistung jemand bin. Es geht gerade nicht darum, mich klein und jämmerlich erscheinen zu lassen, sondern mir meiner Würde bewußt zu werden. Ich bin jemand, weil ich bin. Mein Wert besteht in meiner Existenz und nicht in dem, was ich oder was die Umstände aus mir gemacht haben. Das ist fürwahr eine befreiende Botschaft.

Einschübe

Wer glaubt, ist hoffnungslos naiv

Bin ich naiv, weil ich glaube? Die Frage beschäftigt mich manchmal. Im Kontakt mit verschiedenen Leuten setzt sich bisweilen dieses Gefühl in mir fest. Da erinnere ich mich zum Beispiel an Kollegen, die mit mir groß geworden sind, mit mir sonntags in die Kirche gingen und am gleichen Religionsunterricht teilgenommen haben. Wir führen miteinander interessante Gespräche über den Lauf der Welt. Wir haben einander viel zu erzählen. Unsere Beziehung ist von gegenseitiger Achtung geprägt. Sobald aber der Glaube ins Spiel kommt, bricht die Kommunikation in sich zusammen. Das Gespräch verläuft ins Leere. Was ich zu erklären versuche, findet keinen Widerhall. Mein Gesprächspartner versteht gar nicht, was mich beschäftigt und was ich zum Ausdruck bringen will. Es kommt da keine Kommunikation zustande. Aber das ist nur für mich ein Problem. In ihrer Wahrnehmung ist das anders. Was in ihrer Kindheit und Jugend noch durchaus bedeutsam war, ist jetzt ganz überflüssig geworden. Es hat sich aufgelöst, ist verdunstet, ohne Spuren zu hinterlassen. Es ist nicht so, als ob da ein unbearbeitetes oder verdrängtes Feld wäre. Es ist einfach nichts da. Was mir wichtig ist, hat keine Resonanz, findet keinen

Ansatzpunkt in ihrer Alltagserfahrung. Die religiöse Frage hat sich für sie buchstäblich in nichts aufgelöst.

Solche Erfahrungen werfen mich auf mich selbst zurück. Sie machen mich einsam. Gerade in dem Lebensbereich, der mir besonders wichtig ist, ist keine Kommunikation möglich. Eigenartigerweise kommt in diesen Situationen bei meinen Gesprächspartnern auch keine Aggression auf. Sie setzen sich nicht deutlich von ihrer Vergangenheit ab, sie nehmen nicht Argumente auf, die in den verschiedenen Schulen der Religionskritik entwickelt wurden. Damit könnte ich nämlich besser umgehen. Ich könnte zu argumentieren versuchen. Die Sache, die mir wichtig ist, bliebe im Gespräch. Ich wäre nicht allein, sondern hätte ein Gegenüber, und wir hätten eine gemeinsame Sache, um die wir ringen könnten.

Solche Erfahrungen der Kommunikationsunmöglichkeit setzen sich in mir fest. Ich kann sie nicht abschütteln wie so vieles, das ich erlebe. Denn sie lassen mich, mich selbst als einen erleben, der auf etwas setzt, das nur wenige interessiert. Sie zeigen mich mir als einen, der Fragen stellt, die überflüssig scheinen.

Ich komme mir dann jeweils wie ein großes Kind vor, das noch an Dingen hängt, die längst belanglos geworden sind. Ich werde unsicher und aus dieser Unsicherheit heraus zuweilen aggressiv nach außen oder auch aggressiv gegen mich selber: Bist Du nicht einfach naiv, daß du noch an diesen Dingen hängst, deren Bedeutung du ja nicht einmal mehr verständlich machen kannst?

Ein Ausweg wäre es, sich zurückzuziehen auf die Gemeinschaft derer, die meinen Glauben teilen, und in diesen Fragen die Kommunikation mit andern nicht mehr zu suchen. Und manche raten ja ausdrücklich dazu. Kirchen ziehen sich aus der Öffentlichkeit zurück und richten sich in der Sakristei ein. Denn dort kann man sich unter Seinesgleichen wohl und geborgen fühlen. Dort kann man über die schlechte Welt klagen, die nicht verstehen will und sich den wichtigen Fragen des Lebens entzieht. In der Sakristei wird dann oft von einer missionarischen Kirche geredet, die in der Welt von ihrem Glauben Zeugnis geben soll. Engagiert ist man und voller Tatendrang. Sein Bekenntnis will man lautstark in den Straßen ausrufen. Möglichst klar und von Ausrufezeichen durchsetzt, denn Fragezeichen sind antimissionarisch. Mission als Einbahnkommunikation. Missionarisches Engagement als Sendung mit voll aufgedrehten Lautsprechern.

Entgegen diesen Erfahrungen möchte ich, wie Franz Rosenzweig einmal formuliert hat, daran festhalten, daß Gott die Welt und nicht die Religion geschaffen hat. Aus dieser Einsicht läßt sich nämlich mit den beschriebenen Erfahrungen umgehen. Der christliche Glaube bezeugt, daß Gott die ganze Welt und jeden einzelnen Menschen geschaffen hat. Damit steht jeder Mensch von vornherein im Spannungsfeld der Beziehung mit Gott. Gott ist so gleichsam im Leben jedes Menschen am Werk, lange bevor Religionsvertreter mit ihm in missionarischen Kontakt treten. So kann das Gespräch mit andern von dem Anspruch gereinigt werden, sie müßten von außen auf die religiösen Fragen hin angesprochen werden. Wer sich ganz auf sein eigenes Leben einläßt, der läßt sich damit auch auf Gott ein. Aus diesem Vertrauen kann ich meinen eigenen Weg gehen, muß ihn nicht abhängig machen von der Anerkennung, die er durch andere findet. Aus diesem Vertrauen kann ich aber auch das Gespräch wagen. Es wird mir neue Einsichten über meinen religiösen Weg eröffnen. Es gilt Abschied zu nehmen von der Art, meine religiöse Überzeugung emotional so zu leben, als sei sie die Überzeugung der Mehrheit. Die beschriebenen Erfahrungen werden zu Anfragen an das Fundament meiner Überzeugung. Sie zwingen mich, mir

Rechenschaft darüber zu geben, was mich in meiner Überzeugung existentiell trägt. Und es gilt auszuhalten, daß die Kommunikation darüber nicht mit jedem gelingt.

Der Rosenkranz des Zweifels

Ich erinnere mich genau. Wir waren unterwegs in Rom auf der Maturareise. Der Griechischlehrer, der mich immer sehr beeindruckt hatte, war als Reisebegleiter mit dabei. Wir besuchten die Basilika Santa Maria Maggiore. Ein paar alte Frauen knieten in den Kirchenbänken, tief in sich versunken, einen Rosenkranz in ihren Händen. »Das eben kann ich nicht– Wenn ich es doch nur könnte«, murmelte mein Lehrer vor sich hin. Innerlich habe ich damals den Kopf geschüttelt. So naiv und kindisch wie diese frommen Frauen wollte ich wirklich nicht sein. Gerade aus dieser Haltung wollte ich damals freikommen, auf keinen Fall so naiv fromm sein.

Heute würde ich anders reagieren. Heute versteh ich, was ihn damals bewegt hat. Auch ich möchte mich an einem Rosenkranz halten können. Auch ich möchte genau wie jene alten Römerinnen – ganz unbefragt und ohne dauernde Rechtfertigungen, Begründungen und Erklärungen – glauben können. Aber es gelingt mir nicht. Ich komme mir dabei immer wieder selber in die Quere. Aus Überheblichkeit? Aus intellektuellem Hochmut? Nein, ich meine nicht. Es ist mein Leben selbst, das mir immer wieder Fragen entgegenstellt.

Ich habe nicht zu richten über jene Frauen, die ich damals – vor manchen Jahren – in jugendlicher Überheblichkeit doch etwas naiv und altmodisch gefunden habe. Aber ich kann auch nicht aus meiner eigenen Haut. Ich kann die Fragen nicht abschütteln und überspielen, die sich in mir melden. Ich muß meinen eigenen Weg finden und mich selbst dabei mitnehmen, so wie ich bin. Ich muß meinen eigenen Rosenkranz finden. Ich will die Fragen, die sich mir stellen, die Zweifel, die aufbrechen, ernst nehmen und nicht überspielen. Unerbittlich drängt sich mir bisweilen die Frage auf, ob denn das, was ich glaube, tatsächlich meinen realen Lebenserfahrungen standhalten kann. Dabei wird mir eines bewußt: Glauben hat mit einem Wagnis zu tun. Ich kann nicht dem Glauben voraus die Sicherheit haben, daß sich einstellt, worauf ich vertraue. Das Wagnis des Glaubens ist mit eine Voraussetzung, daß ich überhaupt entdecken kann, was der Glaube mir schenkt. Das Vertrauen in den Sinn des Lebens stellt sich erst im Vollzug dieses Vertrauens ein. Es lassen sich viele Argumente für das Wagnis des Vertrauens zusammentragen, es gibt viele Lebenserfahrungen zu erzählen, die für dieses Wagnis sprechen, und dennoch bleibt ein Graben, der übersprungen werden muß. Dennoch kann ich ein Leben lang hin und her tänzeln vor diesem Graben und mir den Sprung verweigern. Es bleibt diese Herausforderung, die ich mir nicht ersparen kann. In das Vertrauen kann ich mich nicht hineinargumentieren lassen. Es bleibt dieser unberechenbare Graben, es bleibt das Risiko. Vielleicht ist für jene Römerinnen der Rosenkranz die Übung, die ihnen den Sprung über den Graben ermöglicht und sie einführt in das große Vertrauen. Vielleicht verbinden sich ihnen im Rezitieren der vielen »Ave Maria« Glauben und Leben gerade dann, wenn sie auseinanderzubrechen drohen. Und vielleicht liegt für die Zögernden, Suchenden und Zweifelnden ein anderer Rosenkranz bereit. Vielleicht gibt es einen, auf dessen Schnur die Zweifel und das Zögern wie Perlen aufgereiht sind. Und vielleicht stellt sich mit diesem Rosenkranz, mit dem ich meine Zweifel und Fragen immer wieder in die Finger nehme, der gleiche Effekt ein wie mit jenen Rosenkränzen damals in Santa Maria Maggiore. Treu dranbleiben an dem, was mich beschäftigt und die unzähligen Perlen durch die Hände gleiten lassen: könnte das nicht tatsächlich ein heilsamer Weg sein für meinen Griechischlehrer und für mich?

An mir selbst genug

Der Glaube stellt mich in größere Zusammenhänge. Er stellt mich in die Solidarität mit den anderen Menschen und er stellt mich vor Gott. Das Hauptgebot des christlichen Glaubens bringt es auf den Punkt: »Du sollst den Herrn, deinen Gott lieben mit deinem ganzen Herzen und mit deiner ganzen Seele und mit deinem ganzen Denken. Das ist das wichtigste und erste Gebot. Ebenso wichtig ist das zweite: Du sollst deinen Nächsten lieben wie dich selbst. Auf diesen beiden Geboten beruhen das ganze Gesetz und die Profeten« (Mt 22,37–40). Wie anstrengend dies alles! Manchmal habe ich davon einfach genug und möchte ganz nur für mich selbst und mit mir selbst sein. Wieviel einfacher gestaltet sich dann das Leben. Wie leicht lassen sich so die Dinge ordnen. Ich muß nicht immer wieder diese schwierige Balance suchen, die das im dreifaltigen Gebot enthaltene Spannungsfeld verlangt. Das heißt nicht, daß ich unhöflich und unanständig werde – ganz im Gegenteil. Aber ich lasse die Dinge nicht völlig an mich herankommen. Ich bleibe korrekt und halte mich an das, was gilt im Umgang miteinander. Aber diesen tiefergehenden Anspruch an mich, der mich wesensmäßig mit dem anderen verbindet und in die Dimension des anderen hineinnimmt, schneide ich ab. Zuinnerst möchte ich meine Ruhe haben und den Frieden, den ich besitze, wenn ich alles immer nur von mir her anschauen und beurteilen kann. Der Glaube ist zu anstrengend. Das Leben bürdet mir schon genügend auf.

Manchmal habe ich genug an mir selbst, bin ich mit mir selbst zufrieden und beschäftigt mit dem, was mir mein eigenes Leben bringt. Was soll ich zu den Sternen greifen und mich von den Anstrengungen dieses Strebens plagen lassen? Was soll ich mich als offene Frage verstehen? Wie herrlich ist es doch, ein selbstbewußtes Ausrufezeichen zu sein: »Hier bin und stehe ich. Ich nehme mich, so wie ich bin.« Der Alltag bringt schon der Plagen genug. Jeder ist sich selbst tatsächlich der Nächste. Und hielte sich jeder an diese Maxime, wäre nicht alles viel besser bestellt?

Ich gebe es zu: Solche Gedanken beschleichen mich mitunter. Soll ich sie weit von mir werfen in die Abgründe meiner Seele?

Der Schatz im irdenen Gefäß

»Die Hoffnung, daß die katholische Kirche sich ändert, ist kein Grund, um in ihr zu bleiben.« An diesen Satz, den ich vor Jahren formulierte, hat mich kürzlich ein evangelischer Kollege erinnert. Ihn, so bekannte er mir, habe dieser Satz fasziniert und zugleich erschreckt. Für ihn selbst, fügte er hinzu, wäre diese These ein Grund, aus der Kirche auszutreten. So ganz unvermittelt auf diesen Satz angesprochen, bin ich zunächst erschrocken. Habe ich das wirklich einmal so gesagt? Ich habe mir die Sache dann noch einmal durch den Kopf gehen lassen. Und tatsächlich, der Satz trifft für mich auch jetzt noch zu. Denn die Hoffnung auf die Veränderung der Kirche ist kein hinreichender Grund, um in der Kirche zu bleiben. Diese Hoffnung erzeugt nur immer wieder neue Enttäuschungen. Warum aber, wenn sich doch nichts ändert, und der bestehende Zustand so unbefriedigend ist, nicht aus der Kirche austreten? Ist die Überzeugung, daß die Kirche sich nicht ändert, nicht Grund und Verpflichtung, aus ihr auszutreten?

Natürlich hoffe auch ich darauf, daß die Kirche sich verändert und sich immer wieder neu auf ihren Auftrag hin bekehrt. Natürlich ärgere auch ich mich über so manches, was in ihr geschieht oder eben gerade nicht geschieht. Und selbstverständlich versuche auch ich, meinen Beitrag zu leisten an eine glaubwürdige, zeitgemäße und dem Evangelium entsprechende Gestalt der Kirche. Und dennoch ist nicht die Hoffnung auf Veränderungen der Grund dafür, daß ich in ihr bleibe.

Ich meine nämlich, daß die Kirche durch alle Zeiten hindurch eine zerbrechliche und fragwürdige Einrichtung bleiben wird. Ich halte mich da an den Satz aus dem zweiten

Brief an die Korinther: »Diesen Schatz tragen wir in irdenen Gefäßen« (2 Kor 4,7). Die Kirche wird immer ein schäbiges Kleid tragen. Ein Blick in ihre Geschichte bestätigt das: immer wieder fragwürdige Entscheidungen und Maßnahmen, immer wieder Streit um Macht und Einfluß. Nehmen wir nur ein Beispiel. Franz von Assisi hat für viele Menschen Kirche so gelebt, wie sie sich das im tiefsten wünschen. Er hat eine Bewegung angestoßen, die in vielfältiger Gestalt bis heute wirksam ist. Er ist zu einer Quelle geworden, an der sich noch heute ganz unterschiedliche Menschen stärken. Aber schon zu seinen Lebzeiten entstand in und um seine Bewegung ein Streit, wurde um Macht und Einfluß gerungen. Franz durchlebte in den letzten Monaten seines Lebens eine tiefe Depression, weil er sich in seinen innersten Anliegen mißverstanden und gescheitert erfuhr. Der Satz des Apostel Paulus gilt auch für Sternstunden der Kirche.

Paulus gibt für seine nüchterne Aussage eine theologische Begründung: »damit das Übermaß der Kraft von Gott und nicht von uns kommt«. Paulus setzt sich in diesem zweiten Brief mit seiner konfliktreichen Geschichte um die Gemeinde in Korinth auseinander. Er hatte sehr gelitten unter dem, was sich dort abgespielt hat. Es kam zu Streit und Auseinandersetzungen, weil Missionare auftraten und die Autorität und Glaubwürdigkeit des Apostels in Frage stellten. Der Streit war heftig, und Paulus wurde tief verletzt. Erst nach einigem Hin und Her kam es zu einer Versöhnung. Ein Schlüsselsatz in der Verarbeitung dieses Konfliktes ist eben der: »Wir verkünden nämlich nicht uns selbst, sondern Christus Jesus als den Herrn, uns aber als eure Knechte um Jesu willen. Denn der Gott, der sprach: Aus Finsternis soll Licht aufleuchten, er ist in unseren Herzen aufgeleuchtet, damit wir erleuchtet werden zur Erkenntnis des göttlichen Glanzes auf dem Antlitz Christi. Diesen

Schatz tragen wir in irdenen Gefäßen, damit das Übermaß der Kraft von Gott und nicht von uns kommt« (2 Kor 4,5–7). Damit ist etwas Doppeltes gesagt: Die Kirche trägt einen Schatz durch die Zeit. Sie selbst aber ist nicht dieser Schatz, ja sie trägt nicht einmal Spuren dieses Schatzes an sich. Sie ist ein irdenes Gefäß. Dieses Gefäß nimmt nicht die Qualität des Schatzes an, den es trägt.

Auch im Alten Testament wird an vielen Stellen dieser Grundgedanke eindrücklich dargestellt. So wird der Profet Hosea von Gott aufgefordert, eine Kultdirne zur Frau zu nehmen und mit ihr Kinder zu zeugen: »Denn das Land hat den Herrn verlassen und ist zur Dirne geworden« (Hos 1,2). Ein zweites Mal wird er aufgefordert, seine treulose Frau wieder aufzunehmen: »Geh noch einmal hin und liebe die Frau, die einen Liebhaber hat und Ehebruch treibt. Liebe sie so, wie der Herr die Söhne Israels liebt, obwohl sie sich anderen Göttern zuwenden und Opferkuchen aus Rosinen lieben« (Hos 3,1). So stellt Hosea in dieser Handlung dar, wie das Verhältnis zwischen Gott und dem Volk Israel zu verstehen ist. Seine Zuwendung gründet nicht in der Treue und Großartigkeit seines Volkes. Sie gründet allein in der Treue Gottes selbst. Damit wird die Treulosigkeit des Volkes nicht entschuldigt. Es wird aber deutlich, daß eine bleibende Differenz besteht zwischen dem Schatz der Zuwendung Gottes und dem Gefäß, das ihn aufnimmt.

Mit der Kirche ist es nicht anders. Warum also darauf hoffen, daß die Dirne sich bekehre? Warum nicht vielmehr auf die Treue des Herrn bauen, der sie sich auserwählt hat? Warum von ihr mehr erwarten, als der Herr selbst erwartet? Wenn die Hoffnung auf die Veränderung der Kirche das Fundament dafür ist, daß ich in der Kirche bleibe, dann baue ich auf Sand. So suche ich nach dem Schatz, nach dem »göttlichen Glanz auf dem Antlitz Christi«, und halte mich nicht zu sehr mit dem Dreck auf, aus dem das irdene

Gefäß gebildet ist. Ich suche nach den Spuren dieses Schatzes, der mir Fundament für mein Leben und Glauben ist, und trachte danach, mich vom Dreck des Gefäßes nicht zu sehr abhalten zu lassen.

Damit sind der Ärger und die Enttäuschung über so manches nicht erledigt. Aber sie rücken an einen anderen Platz. Sie stehen nicht mehr in der Mitte. Meine Beziehung zur Kirche wird gelassener. Ich lasse mir mein Suchen und Ringen um den Schatz nicht einfach von ihr verderben. Ich baue nicht auf die Hoffnung auf Veränderung der Kirche, sondern auf die Treue Gottes und darauf, daß sich Spuren dieser Zuwendung Gottes in meinem und im Leben aller Menschen ausmachen und auskosten lassen. Diese Suche wird zum ersten Interesse, und die Kritik an der Kirche wird zu etwas Zweitrangigem.

Ich fühle mich schlecht unter Leuten, die nur über die Kirche herziehen und über alle fragwürdigen Entscheidungen und Maßnahmen stundenlang diskutieren können. Allerdings nicht deshalb, weil sie mit ihrer Kritik nicht recht hätten. Im Gegenteil, ihre Analysen und Bemerkungen treffen oft ins Schwarze. Aber die Kritik allein für sich genommen, gibt kein Fundament ab für mein Suchen und Glauben. Sie gründet ihre Hoffnungen auf die Veränderung des irdenen Gefäßes und steht in der Gefahr zu vergessen, daß es im letzten nicht um das Gefäß, sondern um den Schatz im Gefäß geht. Damit werden das Versagen und das Ärgerliche nicht entschuldigt, es wird ihnen aber ihr tödlicher Stachel genommen. Damit verstummt meine Kritik an der Kirche nicht, verstummen auch nicht mein Ärger und meine Enttäuschung. Sie werden aber in einen anderen Horizont gestellt, in den Horizont der Hoffnung auf die Treue Gottes, der kommen wird, um das Reich Gottes zu errichten, das in dieser Zeit schon ansatzhaft, aber noch in irdenen Gefäßen bereits begonnen hat. Ich halte Ausschau nach diesen Anfängen in der Kirche und überall in der Welt. Und auf die Entdeckungen, die mir da geschenkt werden, baue ich mein Leben und mein Glauben. Davon lebe ich. Und nur in diesem Horizont haben Kritik, Ärger und Enttäuschung ihren Platz. Und so ist die Hoffnung auf die Veränderung der katholischen Kirche tatsächlich nicht der Grund für mein Leben und Glauben. Ich denke, daß wir bei aller notwendigen und unerläßlichen Kirchenkritik uns aus der Fixierung darauf lösen sollten. Denn sie gibt auf die Länge kein Fundament ab für ein eigenständiges und mündiges Glauben.